保育のプロ はじめの一歩 シリーズ ③

発達が気になる子どもの保育

芸術教育研究所［監修］　両角美映［著］

黎明書房

はじめに

　みなさんの周りに，〈困った子〉と感じる子どもはいませんか？
　・座って話を聞くことができない子　・うまく友だちと遊べない子　・すぐケンカになってしまう子　・指示通りに行動ができない子　・集団行動を乱す子　……
など，幼稚園・保育園などの集団生活やクラス運営をしていく上で，〈困った状況をつくってしまう子〉に出会って困っている方は多いと思います。
　しかし，困っているのはあなただけでしょうか？　その子は〈迷惑をかけよう〉〈困らせよう〉と思って行動しているのでしょうか？
　この本では，集団生活の中で，〈困った子〉と思われてしまう子の行動を取り上げました。
　その子どもたちは，知的には問題がない発達障がいのある子どもや，その可能性のある子どもです。しかし，彼らは決して園での集団生活の場で，他の人を困らせようとして行動しているわけではありません。むしろ，困っているのは彼ら自身なのです。彼らは，ある状況に直面してどのように対処したらよいのかわからず，〈困った行動〉を取ってしまうのです。
　そこでまず，そのような子どもが，困る原因となる状況をどのように感じ，どうしてそのような〈困った行動〉を取ってしまうのかを，子どもからの声・叫びとして提示しました。
　そして，〈困った子〉と思われてしまう子を，〈集団生活の中でどのように支援するのか〉〈遊びを通していかにコミュニケーションをスムーズにするのか〉などを，実際の園生活の場面を踏まえて紹介しました。さらに，そのような子が，〈生きていくために必要なスキル〉をどのように学ぶことができるのかについても紹介しました。
　〈知的障がい〉〈発達障がい〉などの〈支援を必要とする〉子どもたちが増えていると言われますが〈障がい〉とは一体何なのでしょう。多くの人がすることや感じることが普通，標準，常識であるというのが現在の社会です。しかし誰もが同じように感じ，同じように行動するわけではありません。このようなことを，どのくらいの人が意識しているのでしょう。
　〈障がいは環境がつくる〉とも言われています。〈身体に不自由〉がある子のため，スロープなどをつくり環境をバリアフリー化することで，障がいは障がいでなく，不便なことの１つになります。見た目にはわかりにくい〈知的障がい〉〈発達障がい〉の子には，その子の特性を知り，その子に合った対応をすることがその子の環境のバリアフリー化になります。
　誰もが一生笑顔で過ごすことができる世の中。誰もが生まれてきてよかったと思える社会。わが子に支援が必要（障がいがある）とわかっても安心して子育てできる環境。
　そんな世の中，社会，環境に少しでも近づけることが大切だと思います。最後になりましたが，すべての子どもたちが笑顔で過ごすことができるために，この本を活用していただけたらとても嬉しいです。

　　2008 年 7 月 7 日　　　　　　　　　　　　　　　　　　　　　両角美映

も く じ

はじめに　i

第1章　発達が気になる子どもと関わるには　　3

1. 支援を必要とする子どもと関わる保育者の姿勢　　4
2. 保護者への支援　　9

第2章　発達が気になる子どもへの配慮と対応　　13

コミュニケーション編

1. みんな何言っているの？　わかんないよー！　✧複数の情報処理でパニックになる子ども✧　… 14
2. いきなり触るなよ！　びっくりするだろ！　✧感じ方の違う子ども✧　… 16
3. 何で目を見て話しなさい！　って言うの？　✧2つのことを同時にできない子ども✧　… 18
4. 何しようかな？　楽しいことないかな～！　✧ウロウロ落ち着かない子ども✧　… 20
5. 今日は○公園じゃなくて，△公園に行くの！　✧勝手な予定変更をする子ども✧　… 22
6. あの子大嫌い！　だって，たたいたんだもん！　✧独特の記憶の世界を持つ子ども✧　… 24
7. A子ちゃんの気持ちなんかわからない！　✧相手の気持ちが見えない子ども✧　… 26
8. 「バカ」って言われた！　むかつく！　✧言葉の裏の意味を感じ取れない子ども✧　… 28
9. 言ってもわかんないから投げてやる！　✧勝手な思い込みをする子ども✧　… 30
10. どうしてチューしちゃダメなの？　✧年齢にふさわしいスキンシップがわからない子ども✧　… 32

生活編

11. 朝すぐに部屋に入らなきゃダメなの？　✧安心するための儀式をする子ども✧　… 34
12. 一番じゃなきゃヤダ！　一番じゃなきゃ絶対ダメ！　✧一番へのこだわりが強い子ども✧　… 36
13. ボクに話してないのに，何で座っているの？　✧集会で落ち着きのない子ども✧　… 38
14. 今は関係ないって，どうして？　私も話したい！　✧話の最中，勝手に話し始める子ども✧　… 40
15. 「ちゃんとする」って何？　わかんない！　✧曖昧な言葉の持つニュアンスを理解できない子ども✧　… 42
16. どーせ，何もできないんだよ！　✧叱りたくなる行動を取る子ども✧　… 44
17. 1，敷物　2，弁当　3，水筒…　え？　お弁当はまだ入れないの？　✧臨機応変の対応が難しい子ども✧　… 46
18. そんなことがあるなんて聞いてないよ！　✧急な予定変更に大きなストレスを感じる子ども✧　… 48

19 お箸難しい！　もう食べたくないよ！　⇒箸が上手に使えない子ども⇒ ……………… 50
20 ご飯大好き！　他には何も食べないよ！　⇒食へのこだわりが強い子ども⇒ ……… 52
21 お昼寝なんか大嫌い！　眠くない！　⇒リズムある生活ができない子ども⇒ ……… 54
22 パンツの中に手を入れると落ち着くよ！　⇒人前でパンツの中に手を入れる子ども⇒ … 56
23 洋服の前と後ろなんかわかんないよ！　⇒洋服の前後を見分けられない子ども⇒ … 58
24 場所がずれている？　もうボタン嫌いだよ！　⇒ボタンかけが上手にできない子ども⇒ … 60
25 靴が反対!?　せっかく履いたのに―！　⇒靴を上手に履けない子ども⇒ ……………… 62
26 お医者さん大嫌い！　健康診断なんかしないよ！
　　　　　　　　　　　　　　　⇒嫌な思い出がなかなか克服できない子ども⇒ ……… 64
27 痛いの痛いの飛んでけ!?　怖いよ！　⇒たとえがわからない子ども⇒ ……………… 66

遊び編

28 あっちもこっちも気になるぞー！　⇒遊びのアンテナがたくさん立っている子ども⇒ … 68
29 友だちと遊ばないと悪い子なの？　⇒友だちと遊ぶことがストレスになる子ども⇒ … 70
30 積み木を倒して遊んじゃダメなの？　⇒特定の楽しさにこだわる子ども⇒ ……… 72
31 どうして先生はいつも私を叱るの？　⇒全部自分に言われていると思い込んでしまう子ども⇒ … 74
32 もうお部屋に入るの？　聞いてない！　⇒気持ちの切り替えが苦手な子ども⇒ …… 76
33 「ごめんね」って，あやまっているのに返事してくれない!?
　　　　　　　　　　　　　　　⇒しつこさや，こだわりのある子ども⇒ ……… 78
34 両方の足でジャンプ!?　できないよ！　無理！
　　　　　　　　　　　　　　　⇒運動能力の発達がアンバランスな子ども⇒ ……… 80
35 ルールわかんない！　もう遊ばない！　⇒ゲームのルールが理解しづらい子ども⇒ … 82
36 片付け？　どうやるのかわかんないよ！　⇒漠然とした言葉が理解できない子ども⇒ … 84
37 プール怖くてできない！　やらないよ！　⇒嫌な経験がいつまでも忘れられない子ども⇒ … 86
38 粘土遊びなんか，だいっ嫌い！　やらないよ！　⇒感覚が過敏な子ども⇒ ……… 88
39 ハサミでちゃんと切ったのに怒らないで！　⇒物事を順序立ててすることが難しい子ども⇒ … 90
40 ハサミ使うのめんどくさいよー！　⇒思い通りにできずイライラする子ども⇒ …… 92
41 ノリつけるのって難しい！　できないよ！　⇒ノリと紙が見分けにくい子ども⇒ … 94

「キャラバン隊レインボー」の活動紹介 ……………………………………………… 96

第3章　発達を支援するおもちゃと遊び ……………… 97
― 苦手なことに合わせておもちゃを選ぼう，いろいろな遊びを楽しもう ―

Q．体を動かすことが好きではない，苦手な子には？／Q．指先の細かい動きが苦手な子には？／Q．集中力がない子には？／Q．コミュニケーションが上手にできない子には？

第1章
発達が気になる子どもと関わるには

　保育の中で，集団の流れからはずれてしまう子どもがいます。
　「みんなと同じように動いてくれなくて困る。どのように保育をしたらよいのだろう」
　「問題行動だから，学校へ行く前までに治してあげたい。けれど，1人の子にばかり関わっていられない」
など，困っている保育者はたくさんいることでしょう。
　どうしても集団の園生活の中では，クラスを一斉に活動させなくてはならない場面が多く，個別対応が必要なことがわかっていても，なかなか思うようにできなくて困っているという現状があると思います。
　この章では，そのような状況の中にある子どもたちを保育者が理解し，支援していくために必要な関わり方のポイント「保育者の姿勢」を紹介します。
　また，保育者と共に子どもたちを支える大切な「保護者への支援」についても紹介していますので，基本的な考え方を理解し，第2章の具体的な保育場面での支援へお進みいただきたいと思います。

1 支援を必要とする子どもと関わる保育者の姿勢

★本当に困っているのは誰か

　保育の中で，集団の流れからはずれてしまう子どもに，どのように対応したらよいのか困っている保育者は少なくないでしょう。問題行動のある子どもの中には，ADHD，アスペルガー症候群などの発達障がいの可能性がある子どもがいるかもしれません。また，元気過ぎるだけで将来的には問題ないであろう子ども，自分の興味のままに振る舞ってしまう子どももいるでしょう。障がいの有無に関わらず，保育の中で困った行動があるならば，何らかの対応，支援を考えていかなければなりません。

　まず，初めに大事なことは，〈本当に困っているのは誰なのか〉を考えることです。

　子どもは，保育者を困らせようとして行動することはほとんどありません。それは保育者自身が感じていることでしょう。しかし，困った行動を取っていることは事実です。注意を促しても変化がない。このような場合，特別な支援を必要とする子かもしれません。

　つまり，〈一番困っているのは本人〉なのです。保育者の言葉がその子に届いていないために，何をすればよいのかわからず，結局〈困った行動〉になっているのです。

★支援を必要としている子は何に困っているのか

　そこで大切なことは，問題行動の裏にある〈原因〉を探ることです。根本的な原因がわからないまま注意を促しても，何も結果を得ることはできません。本人の気持ちに寄り添いながら〈この子はどうしてこのような行動を取るのだろうか〉〈この子は何に困っているのか〉ということを考えましょう。

　〈原因〉を見つけ，きちんとした支援を行うことができれば，問題行動は確実になくなっていきます。しかし，一筋縄ではいかないことも事実です。〈一番困っているのは本人〉であることを忘れずに，子ども自身に届く支援を行うことができれば，本人が困らず行動できるようになり，そして結果的にはクラス運営もスムーズになると思います。

1 発達が気になる子どもと関わるには

★支援のポイント

① 伝えたいことは〈具体的，短く，おだやか〉に

　支援を必要とする子どもたちの中には，漠然とした言葉の意味を理解することが難しい子が多いです。長い文章を並べて話されると混乱したり，強い口調や甲高い声で話されることが苦手だったりします。このような子に何かを伝えたいときは〈具体的に〉〈短く〉〈おだやかに〉が鉄則です。

　そして，過去のことを持ち出すことは厳禁です。「いつも○○くんはこんなことをして！この間も△△したでしょ！」と，過去の話をしても支援を必要とする子はよくわからないことが多いのです。〈現在の状況〉のみに焦点を置きましょう。

　また，誰に対しても当てはまることですが，絶対に〈人格を否定しない〉ことです。「◇◇ちゃんは，何をやってもダメね」のように，行動ではなく，人格を否定するような言葉を使ってはいけません。本人が悪いのではなく，悪いのは行動です。

② 言葉の引き出しを開けるための支援を

　支援を必要とする子の中には，話を聞いていないように見える子や言葉をあまり発しない子，伝えたことと違う行動をしてしまう子など，言葉を使ったコミュニケーションが苦手な子が多いです。

　このような子は言葉や物事を吸収する力がないと誤解されることがあります。しかし，吸収する引き出しはきちんと頭の中に持っており，吸収した言葉や物事は引き出しにきちんと入っているのですが，引き出しの中から必要な回答を瞬時に選んで出すことが苦手な場合があるのです。そのために，引き出しを開け，必要な回答を出すための支援が必要なのです。

　引き出しを開けやすくする支援の方法の１つは〈曖昧な言葉による表現は避ける〉ことです。曖昧な言葉で言われると，どの引き出しを開けてよいのかわからず，混乱を招き，結果的に何もわかっていないという状況になってしまうのです。

　例えば，「"ちゃんと"片付けて」という指示では何をどのようにしたらよいのかわからないので，具体的な言葉に置き換えます。「絵本を本棚に入れて」と言えば，引き出しから絵本と本棚というキーワードを取り出すことができ，片付けるという行動へつながるのです。

③ 生きていくために必要なスキルを伝える

　支援を必要とする子は，〈ソーシャルスキル〉を自分のものにしづらい子が多いです。（※ソーシャルスキルとは，生活をスムーズにするための様々なコミュニケーション能力のことです。集団の中で約束事を守り，約束事に沿った行動ができることなどです。）

　必要なスキルとして大切にしたいものは〈挨拶ができる〉〈あやまることができる〉〈断ることができる〉〈許可を求めることができる〉〈乱暴なことをしない〉〈要求を伝えることが

できる〉〈バカにした言葉を使わない〉などです。

　このようなスキルが身についているかどうかは，集団の中では見えやすく，家庭では見えにくいものです。そのため，園で保育者がうまくできていないと感じたことを保護者に伝えても，伝わらない可能性もあります。支援を必要とする子の問題は，少人数や大人とのコミュニケーションの中ではあまり見えないのです。しかし，その子の将来に向けては必要なスキルです。保護者にも伝え，知ってもらいながら本人が学んでいけるようにしたいものです。

④　朝の挨拶はおだやかに

　園での活動の第一歩は朝の挨拶です。「挨拶は元気よくしましょう」と子どもたちに伝え，迎える先生方も「おはよう」と大きな声で元気よく挨拶していることが多いでしょう。

　しかし，支援を必要とする子の中には，大きな声や声のトーンに驚いてしまい，園に入ることをしぶることがあります。そして，〈元気に挨拶を返さなきゃ〉というプレッシャーで登園が怖くなることもあるのです。そのために，挨拶の声や迎え方を〈おだやかに〉することも考えてみてください。

⑤　自信を持たせ，生活をスムーズに

　支援を必要とする子でなくても〈ほめて自信を持たせる〉ことは大切です。その中で支援を必要とする子は，〈みんなが普通にできていることが自分はできない〉〈叱られる，注意されることがみんなより多い〉ということを成長と共に感じ悩んでいます。そして，結果として〈自分はいつも何もできない〉と自分への評価や価値を下げ，〈自分はいらない子なんだ〉と自分を大切にする気持ちまでなくなっていくのです。

　生活していく中で達成したい目標は，目標までの段階を細かく区切り，1つひとつのステップを着実に上がっていけるようにしましょう。

　保育者の役割は，まず子どもたちが安心，安定して生活できる場をつくることです。やる気を持たせ，日々の生活を充実させるためにも〈ほめる〉こと，そして〈スモールステップ〉を大切にしましょう。

⑥　ほめるときはみんなの前で，注意するときはみんなから離れて

　集団で活動をしていると，保育者は子どもをほめるときも注意するときも，全員に聞こえるような大きな声で言葉を発することが多いと思います。しかし，支援を必要とする子は〈人前で失敗する〉ことに激しい抵抗を感じます。「あーぁ怒られちゃった！　今度から気をつければいいや」と気持ちを切り替えることが難しいのです。みんなの前で恥をかいてしまったこと，失敗してしまったことから抜け出すまでに時間がかかります。

　そのため，注意するときは〈集団から離れて，他の子に見られない場所で〉を徹底しましょう。これは，他の子からの評価が下がるのを避けるためにも必要です。支援を必要とする子は注意を受けることが多く，周囲の子から「また怒られている」「悪い子だな」と言われてしまったり，悪い子というイメージを定着させてしまうことがあります。このようなパターンをつくらないためにも〈注意するときは離れて〉を徹底しましょう。逆に〈ほめるときはみんなの前で〉行えば，本人の自信につながると共に周囲からの評価も上がるでしょう。

⑦　保護者に子どものよいところを伝える

　支援を必要としている子を育てる保護者は，育児書通りに育っていかないわが子に苛立ちや不安を感じています。同じクラスの子と比較することもあるでしょう。子育てを経験してきた保護者は兄姉と比べ「何でこんなに違うの？」と嘆いたり，困ったと感じる問題行動が目に付き，叱ってしまったりすることもあるでしょう。しかし，一生懸命子育てをしていることに変わりはありません。

　そこで，保育者には〈よい行動を見つけるプロ〉になってほしいのです。保護者に〈子どものよいところ〉をたくさん伝えてください。家庭では見えない，見つけられないよい面を保護者が知ることで，親子関係もスムーズになり保護者の対応も変化していくでしょう。そして親の対応が変化していくことで子どもは精神的にも行動的にも安定していくでしょう。

⑧　慣らし保育は保護者と相談しゆっくりと

　支援を必要とする子は新しい環境に慣れるのに時間がかかります。保護者の仕事などの事情もあると思いますが，できる限り本人の負担にならない程度に保育時間を徐々に増やしていきたいものです。

　園生活で頑張れても，その頑張りが本人の負担になり，家庭で暴れる，奇声をあげるなど不安定な行動が出てくることがあります。園で大丈夫だからと進めていくのではなく，家庭での様子を保護者に聞きながら，少しずつ園生活に慣らしていく必要があるでしょう。

⑨　就学に向けて必要なスキル

　園の生活の後には，大きな集団である〈学校〉が待っています。就学は支援を必要とする

子の保護者にとっても，非常に気になるものであり1つの壁でもあります。就学に向けて園生活の中で学ぶことができる必要最低限のスキルとして〈一定時間座ることができる〉〈一定時間話を聞くことができる〉〈一定時間その空間にいることができる〉ということがあります。就学も視野に入れ，生活面や集団での行動を支援していきましょう。

⑩ 園内の職員同士の連携は必要不可欠

園内で，支援を必要とする子がいることを共通認識し，さらにその子の得意なことや苦手なことも共に理解していきましょう。担任が自分だけで抱えず，いつでもヘルプを出せるように，そして，ヘルプを出された職員も戸惑わずに対応できるようにするためです。

支援を必要とする子への指導は根気と時間が必要です。しかし担任は，その子だけに付き添うわけにはいきません。加配の職員を配置できるとベストですが，難しい場合にはどの職員でも対応できるようにしておきましょう。

また，**外部の専門機関との連携**も大切です。支援を必要とする子が通っている病院や担当ドクター，訓練の先生，地域の特別支援学校などです。

支援を必要とする子は，10人いれば10通りの特徴があり，対応の仕方も異なります。個別に相談を行い，指導の方法を専門家から聞くことはとても大切なことです。専門機関に相談することは決して恥ずかしいことではありません。保護者にも，このような相談場所があることを伝え，一緒に相談できるような形が理想ですが，保護者自身が支援の必要性を感じていない，支援の必要な子だと思いたくないときには伝え方がとても難しいです。

⑪ 誰もが主役でいられるクラス運営

現在の世の中は，〈多数派〉が正統であると考えられますが，一方で〈様々な考え方〉〈様々な思い〉があるのも事実です。

みなさんもいろいろな人と話すときに「なぜ，そんなふうに考えるの？」と思うことがあるでしょう。しかし，相手の考えを聞いたり想像することで「なるほど，そういう考え方もあるのか」とわかります。支援を必要とする子を理解していくことも同じだと思います。しかし，表現が未熟で「自分はこう感じる」と伝えてくれることは少ないので，その子の感じていることや考えていること，そのような行動を取っている意味を探らなければなりません。

クラスの子どもたちが，支援を必要としている子と関わるのはもっと大変です。トラブルが多発したり，「ヘンな子」と言ったり，**いじめ**のターゲットにしてしまうこともあります。そのようなことをできる限り避けるためには，保育者の適切な支援，サポートが必要になります。クラス全体に，それぞれの思いや気持ちを尊重し合い，理解し合おうとすることの大切さを伝え，誰もが自分の思ったことを自信を持って表現でき，友だちと遊ぶことができる〈心のバリアフリー〉が保てるように働きかけていきましょう。

2 保護者への支援

　親となる多くの人は，妊娠中を夢と希望いっぱいに，わが子との明るい未来を想像しながら過ごすでしょう。

　そして，生まれて数ヵ月の間に，赤ちゃんはたくさんの笑顔を見せてくれるようになり，育児の大変さと共に大きな喜びを感じます。

　しかし，その途中で赤ちゃんのちょっとした反応や行動に「○○が遅いみたいだけれど…」「他の子と少し違うようだけれど…」などと不安を感じることが誰にでもあると思います。その不安は子どもの成長と共に解消されていくことが多いです。しかし，子どもの成長と共に不安がさらに増して，わが子が障がいのある子，支援を必要とする子であると認めなければならないこともあるのです。

★ 〈障がい児〉〈支援を必要とする子〉と親が受けとめるまで

　障がいがわかるまでの道のりには大きく分けて2通りあります。

- **生まれてすぐに障がいがわかり告知される（身体の障がい，ダウン症など）**

　出産後の安堵感の中，「子どもに障がいがあります」と言われるのです。

- **成長と共に何かしらの遅れが見つかり，障がいがあると告知される（知的障がい，自閉症，ADHDなど）**

　3歳児健診で見つかるパターンが多いです。

　例えば，ある親は「お座りもハイハイも歩き出すのも順調だったけれど，少し言葉が遅いかな？　ちょっと他の子と違う？　でも成長と共に変わっていくでしょう」と標準内の成長を信じている中で，わが子に障がいがあると知らされるのです。

　どちらのパターンも，親には〈非常に辛いこと〉です。子育ての不安が重くのしかかり，子どもの将来はどうなるのか，真っ暗な闇の中に放り出された気持ちになります。

　特に，母親は〈自分のせいだ〉と考えます。妊娠中に自分が何かやってはいけないことをしたのではないか，自分の育て方が悪いからではないかと思うのです。どんなに周囲が「違うよ」と伝えてもこの気持ちは簡単には消えません。

そして、その後に様々な感情が湧いてきます。その感情がどのくらいの時期に現れるのか、どのくらいの期間続くのかは、個々により全く違います。
　・わが子に障がいがあるなんて認めない。　・なぜ、うちの子なの？　なぜ、私なの？
　・何かよい治療法はないのだろうか。治るのではないか。　・医者の診断ミスだ。他の病
　　院に診てもらったら違うはず。
　心の中では上記のような〈葛藤〉が続いていても、そのようなそぶりを見せないこともあります。
　子どもが保育園や幼稚園へ通っている場合、ある日を境に母親に笑顔が戻り、保育者は「告知されてから時間も経ったから、お母さんはもう大丈夫なのね」と感じるかもしれません。しかし、園で笑顔の母親も、家では泣いているかもしれません。わが子が〈支援を必要とする子〉であることを受けとめ、再び〈本当に可愛いわが子〉となるまでには時間がかかります。子どもへの気持ちは前と変わっていないつもりですし、障がいがあると言われたことも理解しているつもりでも、心の底から〈すべてを受け入れる〉のには時間がかかるのです。

★放置の親に注意！　頑張り過ぎの親に注意！

　〈障がい児〉〈支援を必要とする子ども〉ということを受けとめられると、保護者に変化が出てきます。その変化の両極には下記の2つのタイプがあります。
　A　支援を必要とする子なら将来はこんなもん。何もしなくていい。（放置）
　B　この子のためにできることすべてをやってあげましょう。（頑張り過ぎ）
　保育者からAタイプの保護者へは、「そんなことはない。支援を必要とする子にも成長はあるから、一緒に頑張りましょう」と声をかけたり、保育者から1つずつ子どもへの対応の仕方を伝えて、保護者に協力してもらうように働きかけることができるでしょう。
　Bタイプの保護者へはいかがでしょうか。よく頑張っている保護者を見て保育者は安心、いえ尊敬するかもしれませんが、より注意が必要なのはBの方です。
　訓練や療育を始めたり、自分で勉強したりすると、保護者にもどのようにするべきか少しずつ見えてきます。支援が必要であることをきちんと〈受容〉できていて、ほどよく家庭でも訓練や対応が行える保護者であれば問題はないのですが、「普通に近づけよう」と頑張り過ぎてしまったり、障がいは治ると期待し過ぎていると注意が必要です。支援が必要であることを受容することは並大抵のことではないのです。
　そして、子どもが一時にできることの〈容量〉は少しずつであり、できるようになるまでの〈時間〉はたっぷり必要ですから、保育者も保護者も子どもと関わる〈根気〉が必要です。普通の子どもが自然に覚えていくような1つのことを取得するのに、1ヵ月の練習が必要だったりします。1年かかるかもしれません。
　そうなると、Bタイプの保護者は成長がすぐに見えてこないわが子に失望してしまうかも

しれません。子どもの容量を考え，1歩1歩着実に進めるように，保護者自身が〈頑張り過ぎずに育児を続けていく〉ことを認識できるように働きかけることがとても重要なのです。

★家庭の中も気にかけましょう

なかなか子どもの家庭内の状況は見えないかもしれませんが，〈母親〉の生活，〈父親〉の育児参加状況，〈兄弟姉妹〉や〈祖父母〉の関わり具合など，保育者はできるだけ気にかけていきたいものです。

例えば，父親は子どもの障がいについてどの程度〈受容〉できているのかなどです。言葉や態度だけではわかりにくいかもしれませんが，気にして見ていると，家庭の状況が表れていることがあります。家庭の問題にはなかなか踏み込めませんが，保育者は母親の愚痴や不安を聞き，気持ちの上でサポートすることがとても大切です。

★連絡帳などにはよいことを書きましょう

連絡帳や手紙などは，家庭にとっては園での子どもの様子を知るため，園にとっては家庭での子どもの様子を知るための大切なツールです。しかし，使い方ひとつで保護者との信頼関係を失う可能性もあります。

支援を必要とする子は，保育者が〈困った〉と感じる行動や友だちとのトラブルが多く，そのような状況を保護者に知ってもらおうと連絡帳に書くことがあるでしょう。しかし，連絡帳にわが子の悪いことばかりが並んでいたら，読む保護者の気持ちはどうでしょうか。さらに，保護者は子どもの成長の記録と思い，大切に保管していることも多いです。

連絡帳などの保護者の手元に残るものには〈よかったこと〉を書きましょう。園での様子は，送迎のとき（保育者は忙しい時間帯ですが）などに，保護者と話をする機会をつくり，口頭で伝えましょう。

★口頭で〈悪かったこと〉だけを言うのもNG

連絡帳などにはよいことを書くようにすると，その分，保護者に会ったときに子どもの様子をしっかり伝えなくてはと思うでしょう。

しかし毎日のように，「〇〇くん，今日はお部屋から飛び出して，集会に出られなかったんです」などと伝えられていたら，保護者は「今日は何を言われてしまうんだろう…」「やはり私に支援を必要とする子の子育てはできないのではないか。やはりこの子はダメな子，将来は真っ暗だわ」などと重い気分で園へ通うことになります。

口頭で伝えることは，気になる点だけではなく，連絡帳の内容と重なってもよいので，よかった点も一緒に伝えていきましょう。保育者からの直接の言葉は，子育ての励みにもなります。その上で，気になる点を聞くことは〈わが子の悪いところばかりではなく，よいところも見つけてくれる先生〉として，保護者の先生への信頼感を強めることになるでしょう。

★カミングアウト（公表すること）を保護者に求めるのか
　保護者がはっきりと障がい名を知り，どのように支援をするべきか少しずつ見えてきたとき，支援を必要とする子について他の保護者へどのように伝えるべきか悩むことと思います。
　本来〈知ってもらうこと〉はとても大切なことで，クラス全体，園全体が理解・協力しやすくなるでしょう。しかし，保護者自身がわが子のために伝えたいと思っても，簡単にできることではありません。
　保護者が伝える気持ちになっていないときに，保育者が「伝えたほうがいい」とアドバイスし，無理強いすると，保護者が気持ちを閉ざしてしまうかもしれません。時間と共に〈伝えること〉ができるようになっていくのを待つことが大切です。また，〈伝えることを拒む保護者〉〈障がいがあると知られることを嫌がる保護者〉がいることも知っておきましょう。

★地域（専門機関を含む）との連携を大切に
　園の中での連携は必須ですが，園以外の連携も大切です。障がいのある子を専門とする支援センターや病院，その子の担当ドクターや訓練士などです。さらに，特別支援教育が始まり，特別支援学校は地域のセンター校として，支援を必要とする子どもの相談なども受けています。このような専門家に，日々の接し方や指導の方法などを相談しましょう。
　また，年長になる頃には，就学に向けて必要なスキル，身につけておきたいスキルについてもアドバイスをもらう必要があるでしょう。その頃から保護者は，特別支援学級がよいのか，特別支援学校がよいのか，通常学級がよいのか，と悩みます。日々の生活の様子，集団の中での様子を知っている保育者は，就学に向けての協力者として一緒に考えていきましょう。そのためにも，地域のネットワークづくりはとても大切です。その子がその子らしく過ごせる場所，その子らしく生きていくことができる場所を園以外にも広げていけるように保育者が地域と連携していきましょう。

第2章 発達が気になる子どもへの配慮と対応

　集団生活の中で，〈困った子〉と思われてしまう子の行動を取り上げました。

　その子どもたちは，知的には問題がない発達障がいのある子どもや，その可能性のある子どもです。しかし，彼らは決して保育園や幼稚園などの集団生活の場で，他の人を困らせようとして行動しているわけではありません。むしろ，困っているのは子どもたち自身なのです。彼らは，ある状況に直面してどのように対処したらよいのかわからず，〈困った行動〉を取ってしまうのです。

　そこでまず，そのような子どもが，困る原因となる状況をどのように感じ，どうしてそのような〈困った行動〉を取ってしまうのかを，子どもからの声・叫びとして提示しました。

　そして，〈困った子〉と思われてしまう子を，〈集団生活の中でどのように支援するのか〉〈遊びを通していかにコミュニケーションをスムーズにするのか〉などを，実際の園生活の場面を踏まえて紹介しました。

　さらに，そのような子が，〈生きていくために必要なスキル〉をどのように学ぶことができるのかについても紹介しました。

コミュニケーション編

子どもの叫び。子どもの困っていること

1 みんな何言っているの？ わかんないよー！
-:- 複数の情報処理でパニックになる子ども -:-

★どうしてそうなるのでしょう？ ── 子どもの苦手なこと

① **複数の情報が一度にくると混乱してしまう**

　一度に様々な出来事や言葉が本人の周囲に飛び交ってくると，〈どの人の話を聞いたらいいのか？〉〈何から答えたらいいのか？〉がわからなくなってしまいます。結果として大きな声〈奇声〉を出して暴れてしまったりするのです。ときには，対応できない自分にイライラして，〈自傷〉と言われる自分を傷つける行為をしてしまうこともあります。

② **入ってきた情報を順序立てて考えることが難しい**

　あちこちから声をかけられる，一度にたくさんの指示をされる，またはやりたくないことをやるように言われるなどの場面では，誰でも混乱すると思いますが，多くの人は1つひとつ順番に答えよう，順番に指示されたことをこなしていこうと対処方法を考え消化していきます。

　しかし，物事を順序立てて考えることが難しい子にとって，このような場面は大きな混乱状態を引き起こします。本人がとても辛く苦しい状態にあるのです。

　周囲は，突然暴れ始めるのですからびっくりするでしょうし，「どうしたの？」と声をかけたくなります。しかし，これは逆効果です。また何か言われるのではないかと，さらに混乱を招きます。困っている子にさらに難題をぶつけているような形になってしまうのです。

2 発達が気になる子どもへの配慮と対応

★関わり方のポイント

指示の出し方を工夫しよう

指示を出すときは，1つひとつ出します。もしくは，やるべきことを順番に書き出し，終わったものから消すというような指示の出し方をしましょう。

混乱させてしまったときは放っておく

冷たいような言い方ですが，混乱して暴れてしまったときには，放っておくのが一番の優しさです。

少しずつクールダウンしていきますので，焦らず落ち着くのを待ちましょう。

周囲の子どもたちにきちんと伝える

ふだん，温和な子でもこのようなパニック状態に陥ると，大きく様子が変わります。暴れるときの力は通常の倍くらいになります。自分の頭を壁に打ちつけたりする自傷行為をしてしまうこともあります。

周囲にいる子を離し，「今，いっぱい言われて，どうしていいのかわからなくなっちゃったみたい。落ち着くまで待っていようね」などと伝えましょう。

クールダウンできる場所をつくる

1人になり，落ち着ける場所を確保しておきます。ついたてやカーテンで仕切られた部屋の一角，別の部屋，デスクの下など，本人が落ち着ける場所であればどこでもよいです。

その場所にいるときはできる限り声をかけず，様子を見るだけにしましょう。

子どもの叫び。子どもの困っていること

2 いきなり触るなよ！　びっくりするだろ！
～感じ方の違う子ども～

> ブロックで遊んで
> いたのにいきなり
> ボクの肩をたたく！
> ものすごく
> びっくりしたよ！
> やめてー！

★どうしてそうなるのでしょう？ ── 子どもの苦手なこと
① 予想していない出来事に遭遇すると，非常に驚いて不安になる

　〈どのように対処してよいのか？〉〈どうしたらいいのか？〉を考えていなかったため，支援を必要とする子は非常に不安定になってしまうことがあります。

　集団の中で友だちと触れ合うことはよくあります。

　ゲームなどで体をタッチしてくるというルールがわかっていれば，ポンとたたかれることも想定内のことです。また，目の前にいる友だちがタッチしようと手を伸ばしているのが見えるときは，それも予想できる範囲の出来事なので，それほど不安にはなりません。

　しかし，不意に身体に触れられると，支援が必要な子はタッチした側がびっくりするような反応を示すことがあります。これは，感じ方の違い，そして感じたときの反応の違いです。

② 驚くというよりもパニック

　みなさんも，不意に後ろから肩をたたかれたとき，「びっくりした〜！」と笑い合えるような感じ方だったり，心臓が口から出てしまうくらいびっくりして気が動転してしまうような感じ方をすることがあるでしょう。支援を必要とする子は，心臓が口から出てしまうくらいの感じ方の子が多いのです。さらに，その後の反応は決して笑い合えるような状況ではなく，行き場のない不安により暴れるという行動で感情を表現してしまうことがあるのです。

2 発達が気になる子どもへの配慮と対応

★関わり方のポイント

いきなり体に触れない

ポンと肩をたたかれてから「おはよう」と言われるより、「おはよう」と言われてから肩をたたかれる方がドキドキ感が少ないです。いきなり体にタッチしないようにしましょう。

話しかけるときは本人の前から

背後から声をかけられるより、前に来て顔を見てから声をかけてもらった方が、誰かわかりホッとします。

〈話しかけるときは、本人の前から〉を徹底しましょう。

顔を見てから声をかけることを習慣に

周りの子どもたちにも〈目を見て話す〉ことを伝えるのと同様に、声をかけるときには相手の前に行ってから声をかけるように伝えていきましょう。

小さい頃から、みんなが〈話しかけるときは前から〉〈いきなり体に触れない〉などが習慣になれば、支援を必要とする子（人）と接する際に、改めてコミュニケーションの方法を教える必要がなくなります。

子どもの叫び。子どもの困っていること

3 何で目を見て話しなさい！ って言うの？
✣ 2つのことを同時にできない子ども ✣

★どうしてそうなるのでしょう？ ── 子どもの苦手なこと
① 目を見て聞く・話すことが苦手

　支援を必要としている子どもたちの中には〈目を見てコミュニケーションをとる〉ことが苦手なタイプの子がいます。

　〈目を見て話を聞く〉〈目を見て話す〉ということは，どちらも同時に2つの動作を行っています。

　〈目を見て話を聞く〉　相手の目を見る　＋　相手の話を聞く
　〈目を見て話す〉　　　相手の目を見る　＋　相手に話しかける

　これらの行動は単純で当たり前のように思う方もいるでしょう。しかし，支援を必要とする子どもたちにとっては，2つの動作を同時に行うことは，非常に高度で難しいことなのです。〈目を見る〉という行動を頑張ってしまうことで，〈話を聞く〉という行動がおろそかになってしまうことが実際にあるのです。

② 無理に指導し続けたら…

　この動作を〈苦手〉とする子どもに，「相手の目を見て，お話ししましょう」「相手の目を見て，お話を聞きましょう」と言い続けたら，どうなるでしょう。話をすることを苦痛に感じるようになったり，話せなくなったり，自分に自信がなくなるかもしれません。

★関わり方のポイント

目を見ることを強制しない

　今は，目を見て話をすることを第一に考える場合なのか，話を聞くことを第一に考える場合なのか，まずは大人がしっかりと考えてあげましょう。

・話を聞いてほしい場合：子どもが近くにいて，声に集中できる環境の中で，耳をこちらに向けているようであれば，〈目を見る〉ことは強制せず，語りかけます。聞いていないようでも，しっかりと話に耳を傾けています。

・目を見て話すことも知ってほしい場合：子どもに，首の辺りを見るように伝え，その子の興味のある話をしてみましょう。そして，話の間に「どう思う？」などと問いかけてみましょう。今の話の中でどのくらい聞けたのかを確認するためです。無理やり聞き出すようなことはしないでください。

聞いてほしいポイントを短くまとめて伝える

　長い文章でダラダラと伝えても，要点がぼやけてしまい，うまく伝わりません。伝えたい部分を明確にわかりやすくまとめて，伝えるようにしましょう。その際，伝えたい最低限のことを，短くまとめて伝えていきます。

　また，目を見て話を聞くことを強制しなければ長い話も大丈夫だと考えるのは間違いです。興味が別のところへ移ってしまうことも考えられます。

　伝えるべきことは〈簡潔・簡単・短時間〉で行いましょう。

　［例］「明日は○○公園へお散歩よ。水筒持って来てね。さようなら」

紙に文字や絵などをかいて，視覚からも伝える

　話とシンクロしている実物や絵，写真，そして文字を見せることが効果的です。話を聞くだけでは，そのもののイメージを頭の中の引き出しから，正確に出すことが難しい子がいるからです。

　例えば，「工作でノリを使うから持ってきてね」と聞けば，多くの人は工作用のノリをイメージするでしょう。しかし，言葉だけで理解しにくい子どもは「（食べる）海苔を使うの？」と，この後に何が起こるのかがわからず不安になってしまうのです。このような場合，工作用のノリや絵などの実物を見せて伝えることが大切です。

子どもの叫び。子どもの困っていること

4 何しようかな？ 楽しいことないかな～！
ウロウロ落ち着かない子ども

★どうしてそうなるのでしょう？ ── 子どもの苦手なこと
① 特定の大好きなものがあれば，そこで落ち着いて遊べるが……

　支援を必要とする子の中には，たくさんのアンテナを張り巡らせて，周囲で何があるのかを確認している子がいます。ウロウロ落ち着かないような姿ですが，本人は周りに今より楽しいことはないかと探している状態です。こだわりが強く，同じものでしか遊べない，同じ場所でしか遊ばない子とは全く逆の状態です。

　友だちが「ワー！」「キャー！」と言えば何が起きているのか気になって寄って行きます。でも行ってみたけれどあまり興味を持てない，じゃあ，次はこっちの声のする方に行ってみよう，という感じです。本人は楽しいことを見つけようと必死になっているのです。

② 「入れて」と言えない

　それにプラスして，「入れて」と言えずにウロウロしてしまう子や，勝手に遊びに参加して，友だちに文句を言われ，怒ってしまう子もいます。

　遊びを見つける，仲間の輪に入っていくことは，簡単そうで非常に難しいものです。特に，どのようになっていくのか見通しが持てない友だちの輪へ入っていくことは，支援を必要とする子には，非常に勇気のいることでしょう。不安な気持ちを理解し，本人の気持ちに寄り添いながら，落ち着いて遊べる場所，そして好きな遊びを見つけていきましょう。

★関わり方のポイント

「入れて」と保育者も一緒に仲間に入る

遊びに入りたそうに友だちを見ていたら、「一緒に〈入れて〉って言いに行こうか？」などと声をかけてみましょう。

しかし〈入れて〉の後に、何と返事が返ってくるか不安を感じている子もいます。

「一緒に遊びたいって言ったら、きっと仲間に入れてくれるよ」と、その後に起きるであろう出来事を伝えることでその子の不安が解消されます。

好きな遊びを見つけ、遊べる環境設定を

コーナー設定を上手に行いましょう。〈静と動〉を上手に組み合わせて、好きな遊びを見つけられるような遊びの設定をします。ふだん興味を持って見ているなと感じるものは必ず設定しましょう。

終わりをしっかりと伝える

好きな遊びを見つけているとき、突然「もう遊ぶのは終わりよ。お片付けね」などと声がかかるととても悲しくなります。先に、何時までということを明確に書いてわかるようにしておき、さらにタイマーなどを利用すると、終わりが音でも確認できてベストです。

子どもの叫び。子どもの困っていること

5 今日は〇公園じゃなくて，△公園に行くの！
勝手な予定変更をする子ども

★どうしてそうなるのでしょう？ ── 子どもの苦手なこと
① 自分の好きな予定にいつのまにか変更!?

　前日に，翌日の予定をしっかりと視覚的な教材も取り入れて伝えたはずなのに，「おはよう！」と登園してきたら「今日は△公園に行くんだよね！」と違う予定になっているということありませんか？　支援を必要とする子の中には，話を聞いたその場ではしっかりと理解していても，〈時間と共に自分の好きな予定に内容が変わってしまう〉ことがあります。

　話を聞いた後に，家で家族と話したりしているうちに，今まで経験してきた楽しいことがたくさん頭の中に浮かんできます。そして，話をしているうちに翌日の予定が本来どれだったかわからなくなってしまうのです。そして，結局，自分の一番好きなものだったはず！と勝手に予定が変わっていくことがあるのです。

② 本人に悪気があるわけではなく，それが特性です

　「違うでしょ！」などと否定されると，本人は楽しみを奪われたと思い，激しく反発してしまったり，大きな不安が押し寄せパニックのような状態になることもあります。

　まずは，本人の気持ちに寄り添うことがとても大切です。言われたことを忘れたくて忘れているわけではありません。その子の特性を知り，本人も困ることなくスムーズに生活を送れる方法を探りましょう。

★関わり方のポイント

翌日の予定は連絡帳で家庭にも伝える

連絡帳は，その日にあった出来事を書くことが多いでしょう。しかし，支援を必要とする子には，それにプラスして翌日の予定も記入しておきます。家庭でも，翌日の予定を本人に伝えることができるからです。

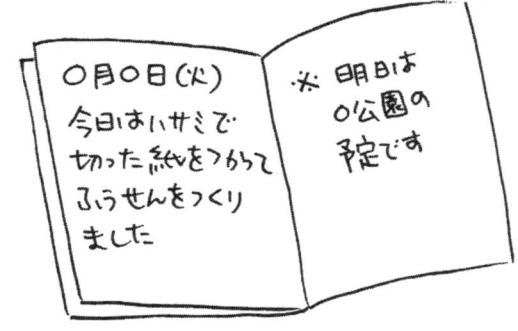

本人が思い出せるような言葉かけをする

伝えたことと違うことを言ってきても，最初に「そうか，△公園に行きたかったのね」と本人の気持ちに寄り添って話しましょう。自分の気持ちをわかってもらえたと安心できます。

そして，前日に予定を伝えるときに使った写真や絵カードを見せて，「今日は，どこに行くって話したかな？」と，昨日の出来事を思い出せるような言葉かけをします。自分で気づくことで，素直に，自分のつくった予定から本来の予定に変更することができます。

本人の思いを予定表などにプラスする

「今日は無理でも次回に行こう！」と伝え，園生活に期待が持てるようにしていきましょう。可能であれば，実際の予定に入れてあげましょう。

保育者はカレンダーなどに，子どもの望むことを書き，本人に予定を知らせましょう。期待が膨らみ，その日を楽しみに待ちながら，日々の生活をスムーズに過ごせるようになることでしょう。

カレンダーにプラスすることが無理であれば，クラス全体で〈いきたい，やりたいこと伝言板〉をつくり，そこに行きたいところや，やってみたいことを書く（描く），または貼る場所をつくりましょう。

周りの子どもたちも，思いを伝える場所ができると楽しいことでしょう。

子どもの叫び。子どもの困っていること

6 あの子大嫌い！
だって，たたいたんだもん！
―・独特の記憶の世界を持つ子ども・―

★どうしてそうなるのでしょう？ ── 子どもの苦手なこと
① 以前のことを，まるで今起きたことのように話す

　支援を必要とする子の〈記憶〉には特徴があります。これは，多くの子どもたちを見てきて，そして保護者の方に話を聞いてきて感じていることです。

　一般的に，記憶は〈遠い過去〉〈近くの過去〉などの順番で頭の中に入っています。しかし，支援を必要とする子の記憶には，〈遠い〉〈近い〉の区別がないようです。

・カプセルトイの機械のように，たくさんの記憶がカプセルの中に入っていて，ガチャガチャと出てきた記憶が一番新しい記憶となる。
・1枚の丸くつながっているスクリーンの中に記憶が配置されていて，回転して一番前面に出てきたものが一番新しい記憶となる。

　このように，〈遠い過去〉〈近くの過去〉と順番に並ばない記憶のあり方があるようです。

② 過去の強い印象（記憶）がよみがえる

　さらに，頭の中に録画する機械があり，よいこと・悪いことの中で，特に印象に残っている場面（特に悪いことの場合が多い）が鮮明に録画（記憶）されているようです。録画されたときと似ている場面や同じ人物に会ったときに，突然再生され，あたかも今起きているように思い出されるという通常では考えられない記憶のパターンもあります。

★関わり方のポイント

本人の言い分をしっかりと聞く

　過去のことなのに，今起きたことのように話す子を見て「何を言っているのだろう？」と不可解に思うことでしょう。しかし，本人は過去のことを鮮明に思い出し，そのときの感情になっています。まずはじっくりと本人の言い分を聞きましょう。聞いてくれる人がいることで安心します。

何か事件があれば簡単にメモしておく

　○○くんとケンカした，たたかれていたなど，気づいたり気になったことがあれば，簡単にメモしておきましょう。また，本人が繰り返し言うことや気にしていることも同様にメモしておきます。月日，午前・午後など漠然としたものでよいのです。子どもが何か言ってきたときに「この子はいつのことを言っているのか？」ということが見えてきます。

記憶の違いがあることを知る

　「過去のことは過去のこと」と伝えても本人は，今現実に起きたこととして感じています。

　これは以前の出来事だとメモを見せても，納得できないかもしれません。

　私たちがドラマなどを観て，現実ではないのに，その話の中に入り込み，ドキドキしたり，悲しくなる気持ちに似ているかもしれません。

　実際には過去のことですが，子どもは今，ドキドキしたり悲しくなったりしているのです。

　このことを知り，否定せず本人の気持ちが安定するよう話を聞きましょう。

子どもの叫び。子どもの困っていること

7　Ａ子ちゃんの気持ちなんかわからない！
相手の気持ちが見えない子ども

ケンカしたら，先生が「Ａ子ちゃんの気持ちになって考えなさい！」って。そんなのＡ子ちゃんじゃないからわかるわけないよ！

★どうしてそうなるのでしょう？── 子どもの苦手なこと
①　相手の立場に立つことが苦手
　相手の立場に立とうとしないのではなく，相手の立場に立つということがわからないのです。目に見えないものをとらえることが苦手なので，〈相手の気持ち〉〈相手の立場〉も想像できないのです。
　私たちも「Ａ子ちゃんの気持ちになって考えてごらん」と言われても，実際にＡ子ちゃんになれるわけではなく，本当の気持ちはわかりません。しかし，どんな気持ちかを考えようとします。そのため，相手の気持ちになって考えようとしない子は，〈優しくない子〉〈変わった子〉〈困った子〉ととらえられがちですが，このような特性のある子はいるのです。

②　優しさや思いやりの気持ちがないわけではない
　相手の気持ちになることが苦手だから，優しさや思いやりの気持ちがないのではないかと思うかもしれません。そんなことはありません。小さい子が困っていれば助けてあげようとしますし，転んで「痛い！」と泣いている子がいれば「どうしたの？　大丈夫？」と声をかけたりできるのです。〈転んで痛い〉という経験を本人がしていれば，転んだときはあのときのように痛いんだな，かわいそうだな，と相手の気持ちを理解していくのです。
　しかし，保育者がケンカを仲裁したときに「Ａ子ちゃんの気持ちなんかわからない」と言われると，保育者はその子を〈わがまま〉〈バカにしている〉と感じてしまうかもしれません。

2 発達が気になる子どもへの配慮と対応

★関わり方のポイント

見えない気持ちを代弁する

「相手の立場に立って考えさせる」のではなく，保育者が状況を客観的に話し，友だちの気持ちを言葉に置き換えて伝えていきます。

［例］　トラブルの原因は「Ａ子ちゃんの髪型ヘン！」とＢ子ちゃん（支援を必要とする子）が言ったこと。

　　　Ａ子ちゃんはふだんと違う髪形にしていた。
　　　ヘンと言われたＡ子ちゃんは泣き出してしまう。
　　　　　　↓
保育者「Ｂ子ちゃん，どうして髪型がヘンっていったの？」
Ｂ子　「だって，ヘンなんだもん。いつもの方が似合う。今日のはヘン」
保育者「そうか，いつもの髪型の方が似合うって言いたかったんだね。Ｂ子ちゃんは，そう思って話したけど，Ａ子ちゃんは，髪型がヘンって言われてすごく悲しかったの」
　　　「Ａ子ちゃんは，新しい髪形が可愛いくて好きだと思っていたのに，ヘンって言われて，悲しくなってしまったのよ」

というように，気持ちを言葉にして伝えます。

　　　「髪型がヘンっていわれてどう思うか，Ａ子ちゃんの気持ちになって考えて！」と言うのはNGです。

友だちとのコミュニケーションはサポートする

〈相手の立場に立つ〉〈相手の気持ちになる〉ということが難しいため，思ったことをすべて口に出してしまうことが多いのです。そのため，結果として相手を傷つけてしまうことがあります。

でもそれがなぜなのか本人にはわからないのです。相手の気持ちを代弁し伝えてくれる周囲のサポートがとても大切です。

経験を積み，成長していく中で，適切なサポートがあれば，少しずつ相手にも気持ちがあることを認識し，その子なりに考えようとします。

27

子どもの叫び。子どもの困っていること

8 「バカ」って言われた！　むかつく！
―― 言葉の裏の意味を感じ取れない子ども ――

★どうしてそうなるのでしょう？　── 子どもの苦手なこと

① 言葉には裏の意味がある

　言葉には様々な意味が込められています。〈バカ〉という言葉でも，その前後の状況や話し方，声のトーンなどにより，その意味が変わってきます。

　［例］　忘れ物しちゃった！　という子への優しい「おばかちゃんねー」
　　　　→この場合の〈バカ〉という言葉の裏の意味は「ちょっとドジで可愛いなー」

　このような目に見えない，耳に聞こえてこない〈言葉の裏の意味〉を多くの人は，声のトーンや状況，相手の表情で感じ取り，コミュニケーションをとっています。

② 表情や雰囲気を読み取ることが苦手

　しかし，目に見えない感情をとらえることや相手の表情や雰囲気を読み取ることが苦手な子にとって〈バカ！〉という言葉は，ケンカ中の強い口調の〈バカ！〉でしかないのです。言われて嫌だと感じるだけの言葉なのです。

　「何バカにしてんの！　むかつく！　もう話なんかしない！」と突然怒り出したりして，その場の雰囲気が一変してしまうこともあります。さらに，〈冗談も通じない変な子〉という印象を友だちに与えてしまったりするのです。

　しかしそれは，言葉の裏にある，見えない，聞こえない部分の意味をとらえることが苦手という特性からくるものです。友だち関係の中で，このような状況が続くと〈仲間はずれ〉や〈いじめの対象〉になることがあります。注意して見守る必要があります。

★関わり方のポイント

多くの人が使う言葉の裏の意味を伝える

右のように，ある場面を絵にします。

1つの言葉を〈声のニュアンス（吹き出しの形）〉や〈顔の表情〉などを変化させて描き，この人はどのような気持ちで話しているのかをゲーム形式で聞いてみます。

1つの言葉でも，多くの意味があることを知るきっかけになります。

言葉の裏にある意味を代弁しましょう

「○○ちゃんはバカにしたんじゃなくて，▽▽という意味を込めて言ったのよ」というように保育者が友だちの言葉の裏の気持ちを代弁することが必要です。納得しないかもしれませんが伝えていきましょう。そしてその言葉を言った友だちにも状況を説明しましょう。

「□□ちゃんは，△△という言葉を言われるのが嫌いなの。だから怒っちゃったのよ」など。

お互いの言葉や気持ちのすれ違いをかみ合わせていくことが大切です。このことは，その後の友だち関係にも大きく影響します。

いろいろな感じ方があることをすべての子どもに伝える

支援を必要とする子だけではなく，ちょっとした言葉によって傷つく子はいます。自分が気にしていることを言われると，ふだんなら笑って流せる子が，悲しくなり泣いたりすることもあります。

1つの言葉でも，1人ひとり感じ方は様々であり，悲しくなったり，嬉しくなったり，笑ったり，泣いたりすることがあることを，すべての子どもに伝えましょう。自分と同じ感覚を誰もが持っているわけではないことを知らせることは，とても大切なことです。

子どもの叫び。子どもの困っていること

9 言ってもわかんないから投げてやる！
― 勝手な思い込みをする子ども ―

★どうしてそうなるのでしょう？ ―― 子どもの苦手なこと
① 一度決められた約束，自分が納得した約束は守る

　〈臨機応変の対応が難しい〉特性があって，どんな状況でも〈約束〉を守ろうとする子がいます。今回の例は，園庭のブランコの立ち乗りはダメという約束を友だちにも守らせようと伝えているのです。これは，〈先生との約束〉を守るための大切な本人の気持ちです。園の先生が言う一言は子どもの心に強く残り，徹底的に守ろうとします。

　しかし，友だちは自分の話を聞いてくれず，ずっと立ち乗りをしています。ここで，多くの子は先生を呼びに行くでしょう。しかし，支援を必要とする子は〈自分でどうにかしないと！〉と思って，手近にあった石を投げるという行動を取ることもあるのです。

② 行動には理由がある

　普通に話していたと思うと，次の瞬間，ものすごく怒り出したりすることがあります。周囲から見ると何が原因かわからず，暴力的な〈たたく，投げる〉という行動から，その子を〈困った子ども〉と思ってしまいます。

　しかし，その行動の裏には必ず理由があります。とんでもない理由かもしれませんが，きちんと話を聞いてあげてください。とんでもない理由でも，決して「なんでそんなふうになっちゃうの！」などと，頭ごなしに否定しないでください。

★関わり方のポイント

行動の裏の気持ちに寄り添う

　困ったと見える行動の裏には,困っている本人の気持ちがあります。決して頭ごなしに怒ったりしないでください。クールダウンして落ち着いたときに,「どうしてたたいちゃったの?」と聞いてください。困っていた気持ちを吐き出すことができ,そしてきちんと聞いてくれる人がいることがわかると,本人の安定につながっていきます。

話を聞いてもらえないときの方法を教える

　友だちに話を聞いてもらえなかったときや,約束を守ってほしいときに守ってもらえないとき,どうしたらよいのか,保育者がその方法を伝えましょう。

　「物を投げるのではなく先生に話してね」「お友だちに聞いてもらえないときも,先生に教えてね」と,自分で友だちに言うだけが方法ではないことを知らせていきましょう。

相手の気持ちを代弁し伝える

　本人の気持ちをしっかりと聞いた上で,そのとき友だちはどう思っていたのかということを伝えましょう。

　相手にも気持ちや思いがあり,自分の思ったような対応をとらないことがあることを伝えていきましょう。

子どもの叫び。子どものっていること

10 どうしてチューしちゃダメなの？
─ 年齢にふさわしいスキンシップがわからない子ども ─

★どうしてそうなるのでしょう？ ── 子どもの苦手なこと

① 赤ちゃんに愛情表現の1つとして〈チュッ！〉とする親は多いでしょう

　もちろん可愛いわが子ですから問題はありませんが、そのスキンシップを何歳まで続けるのか、友だちにも家族と同じように愛情表現してよいのか、注意が必要です。

　〈チュッ＝愛情表現〉と認識した子が園の友だちにも同じように愛情表現をするとき、年少くらいまでであれば、子ども同士のキスも「可愛いわね」と微笑ましく見守れますが、年長となれば周りのとらえ方が変わってきます。友だちが〈恥ずかしい〉〈嫌だ〉という気持ちが芽生えてきた頃でも、支援を必要とする子どもの中にはそれを感じることができず、今までキスしていたのに、ある日突然「嫌！　やめて！」と拒絶されてしまい、「なんで？　ボクのこと嫌いになっちゃったの？」と不安になるのです。

② 園だけではなく家庭との連携が必要

　保護者にとってはいつまでたっても可愛いわが子。そして、支援を必要とする子であればなおさら、いつまでも小さな子と思って対応してしまうことがあります。

　しかし、年齢と共に許されなくなる行動はあります。気持ちの切り替えが苦手な子にも、少しずつ周りの大人が年齢にふさわしい対応をする必要があります。園だけ対応するのではなく、少しずつ保護者にクラスの子どもたちの変化を伝え、協力してもらいましょう。

★関わり方のポイント

年少くらいから対応をはじめる

　周囲の子に変化が見られてくる少し前から，本人に関わっている大人が少しずつ対応を変化させていきましょう。

　「スキンシップをとりたい」「大好き！　遊びたい！」という気持ちを満たしていきながら，スキンシップの方法を年齢にふさわしいもの，誰にしても大丈夫な方法へ変化させていきます。周囲の信頼できる大人とのコミュニケーションが変化してくれば，自然と友だちへの対応にも変化が見られてきます。

家庭と園が協力する

　家だけでまたは園だけでキスや抱きつくのをやめてもダメです。ここではよくて，ここではダメということを区別するのは難しいのです。家庭と園が協力し，同時期から少しずつ始めていきましょう。

　ただし，急激に家庭と園両方で対応を変えてしまうと，本人は今までよかったものがすべてダメだと言われ，混乱し不安定になります。さりげない対応の変化が求められます。

いろいろなスキンシップの方法を伝える

　〈愛情表現＝キス，抱きつく〉と思っている子に，他にも〈握手〉〈一緒に遊ぶ〉などの様々な愛情表現があることを知らせます。

　例えば，キスをしようとする子に，家庭では「チューはしないね。抱っこね」と伝えることから始めてもらいます。園では「チューはしないね。握手にしようね」とスキンシップの方法を変化させていきます（泣いたりしたときに対応する抱っこなどは別です。あくまでもコミュニケーションの場面です）。

生活編

子どもの叫び。子どもの困っていること

11 朝すぐに部屋に入らなきゃダメなの？
― 安心するための儀式をする子ども ―

（吹き出し）登園したら、先生がお部屋に入ろうね！って言うけど……あっちもこっちも見てこなきゃ、不安なんだよ！

★どうしてそうなるのでしょう？ ── 子どもの苦手なこと

① **今日の園は昨日と変わっているかを確認せずにはいられない**

　毎日ほとんど変化がないとわかっている自宅から一歩外へ出たとき、変化の多い外の環境に不安になる子がいます。

　毎日通う園でも、〈昨日と違っているところはないか？〉〈トイレの場所は変わっていないか？〉〈遊ぼうと思っていた遊具は同じ場所にちゃんとあるのか？〉と、朝一番であちらこちらを回って、自分で確認しないと不安になることがあるのです。周りの人には単に落ち着きがなく、ウロウロしているように見えます。

② **安心できれば確認行動は減っていく**

　毎朝、必ず数ヵ所を回るという行動をもし無理にやめさせようすると、不安が増してパニックになります。「どうして？　どこか変わっているの？　だから見せたくないの？」というように感じてしまいます。その場所、人への不信感も生まれてしまうかもしれません。

　子どもによって確認をする期間は様々ですが、やがて「この場所も安心できるところなんだ！」とわかります。安心できる場所とわかれば確認行動は減っていき、最終的には確認行動をしなくても、目的の部屋にスムーズに入ることができます。確認したいという欲求があるときは、満足させてあげることが大切です。

★関わり方のポイント

とことん確認探検に付き合う

園に通い始めたばかりの頃や長期休みの後は、園全体を回るかもしれません。

「ここはどんなところ？」

「どんな部屋があるの？」

「どんな人がいるの？」

「安心して遊べる場所なの？」

と不安に感じていることを、子どもなりになんとか自分で解消しようと行動しています。

その気持ちに寄り添って、とことん付き合ってみるのがよいでしょう。そのうち、確認する場所が数ヵ所にしぼられていき、最終的には確認の探検をしなくても部屋に入れるようになります。

行動の流れを写真カードで提示する

回る場所が数ヵ所にしぼられてきたら、その場所を写真に撮っておきましょう。本人の部屋、やるべき行動（支度など）も写真に撮っておきます。

マジックテープなどを利用し、それらの写真カードをボードに順番に貼り付けておきます。

そして、保育者は〈おわり〉と書いた箱をつくり、箱とボードを持って子どもと一緒に探検します。

子どもが確認に行った場所を、ボードに貼ってある写真カードの中から一緒に見つけ、「園庭のジャングルジム見たね！」と、保育者はジャングルジムの写真を〈おわり〉の箱に入れていきます。

すべて回ると、ボードに貼ってあった写真がすべてなくなり、目で見て「全部、確認できた！」とわかります。確認の探検が〈終わった〉ということを、はっきり目に見える形で提示することは本人の安心感につながり、次の行動へスムーズに移ることができます。

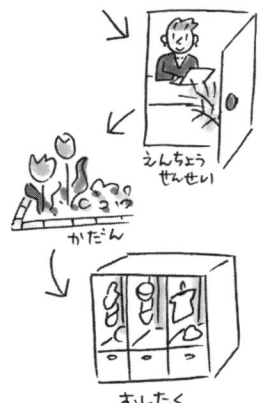

子どもの叫び。子どもの困っていること

12 一番じゃなきゃヤダ！
一番じゃなきゃ絶対ダメ！
～ 一番へのこだわりが強い子ども ～

> ゲームだって
> 手を洗うのだって
> 着替えるのだって，なんだって
> 一番がいいんだ！
> 一番じゃなきゃやらないよー！

★ どうしてそうなるのでしょう？ ── 子どもの苦手なこと

① **支援を必要とする子どもの〈こだわり〉は，わがままとは違う**

　支援を必要とする子でなくても〈一番へのこだわり〉〈場所へのこだわり〉〈服への…〉〈食への…〉〈おもちゃへの…〉などは，成長段階で少なからず出てくるものです。

　しかし，支援を必要とする子の中には，この〈こだわり〉が，生活全般に大きな影響を与えてしまうことがあるのです。時期も一定ではなく，不定期に何度も出現する場合もあります。これは〈こだわり〉という特性からくるもので〈わがまま〉であることとは違います。

② **本当は何にこだわっているのかを見極める**

　今回は一番へのこだわりですが，一番の〈何に〉こだわっているかが重要になります。

　・一番という順位，順番へのこだわり
　・一番になると，立つことができる場所へのこだわり

というように，同じ一番でも，周囲の考えている一番への思いとは違うこともあります。〈一番の何に？〉という部分が重要になり，本人の様子を見て見極めることが必要です。

　本人のこだわりをすべて否定してしまうと，気持ちが不安定になり生活全般に影響が出ることがあります。どのこだわりなら認め，どのこだわりなら変化させていく必要があるのかということを保護者と相談しながら，本人が生活しやすくなるよう考えましょう。

★関わり方のポイント

どの順位でも認めていく

周りの大人は無意識のうちに「すごいねー！ 一番だね」などと，一番をほめていることが多いものです。しかし，意識して一番以外でも〈頑張ったこと〉を認め，そしてほめるようにしましょう。一番ではなくても，〈自分は頑張った！ すごいんだ！〉と思えるような声かけを日々意識していきましょう。

好きな場所を確保する

一番という場所，一番になると立てる場所など，本人がこだわっている場所を見つけましょう。そして，可能な限り本人の場所として保障します。いつでも同じ場所，安心できる自分の場所があるということで本人は安心します。

すべてのこだわりを排除しない

こだわりは，本人が安定するためのものです。すべてのこだわりを取り上げてしまうことはしないようにしましょう。気持ちが不安定になりがちになってしまいます。保育者はどのこだわりを少しずつ解消させていくのかを保護者と話し合っていきましょう。

［例］・食べものへのこだわりは少しずつ変えていく。
　　　・好きな場所へのこだわりは残しておく。

子どもの叫び。子どもの困っていること

13 ボクに話してないのに，何で座っているの？
集会で落ち着きのない子ども

> 何で集会って
> じ――っと座ってなきゃ
> ダメなの？
> ボクに話してないのに
> 何で座ってなきゃ
> ダメなの！

★どうしてそうなるのでしょう？ ── 子どもの苦手なこと

① 集会では自分に話をしていることがわからない

　支援を必要とする子は，集会などで話を聞くのが苦手です。〈大きな集団〉で話を聞くとき，落ち着かず，ウロウロ歩き出そうとしてしまいます。「前を向いてお話聞いてね」などと話をしても，落ち着きのなさは変わりません。結果として〈困った子〉になってしまいますが，その行動の裏には，どうしてよいかわからずに困っている本人がいるのです。

　大きな集団の中で，大勢に向けて話している言葉は，〈自分に向けて発信している言葉〉ととらえることが難しいのです。そのため，前で話している人は〈自分には話をしていない〉と思い，その場に座って話を聞いている意味を感じることができないのです。そして，その場を離れたくて，席から立とうとします。

　また，「いつ終わるの？」「まだ？」という言葉を保育者に投げかけたりします。この苦痛な状況，不安を保育者に伝えることで，自分の不安をなくそうとしているのです。

② 集団の中でじっとしていることは，家庭ではできない大切な練習

　〈集団で話を聞く〉〈集団の中で座っている〉ということは園生活だけではなく，就学に向けても大切な課題です。学校に入ると，45分間教室で自分の席にいるのです。園生活は，そこに向けて練習をしていく大切な時期。家庭では練習できない大切な課題です。

★関わり方のポイント

支援を必要とする子にも優しい集会にする

　話をする側がまず〈支援を必要とする子〉がいることを認識しましょう。そして，支援を必要とする子も落ち着いて聞くことのできる話し方をします。

　話の内容を絵や紙芝居にして視覚的にも伝えていく，パペットなど興味をひくようなものを使って話をするなど工夫しましょう。支援を必要とする子に優しい集会は，すべての子にわかりやすく，優しい集会になります。

終わりが見える工夫をする

　終わりが見えると安心することができます。時計が読める子なら「●時●分までね」と言い，時計が読めない子であれば，時計に，長針がここにきたら終わりという印をつけます。

　また，砂時計やタイマーを使うなど，終わりが見えるようにしましょう。

　タイムタイマーという終わりの見える時計も出ています。上手に使っていきましょう。

我慢できたらお楽しみがあるようにする

　支援を必要とする子に限らず，終わると楽しいことが待っていると，〈頑張ろう〉という気持ちになります。我慢することの後には〈大好きなこと〉〈楽しいこと〉が行えるようなスケジュールを組みましょう。

子どもの叫び。子どもの困っていること

14 今は関係ないって，どうして？私も話したい！
―― 話の最中，勝手に話し始める子ども ――

★どうしてそうなるのでしょう？ ―― 子どもの苦手なこと

① 遠足の話のとき，その子の持つキーワード〈電車〉に反応

　その場の雰囲気や空気を読めない，話の流れを把握することが苦手な子がいます。

　先生が「明日の遠足のお話です。園に8時半に集合して，みんなで電車に乗って……」と話し始めると，「はーい！　はーい！　電車ってね，黄色でね，この前ね，ママと出かけたんだよ！……」と，〈電車〉というキーワードに反応して勝手に話し始め，〈遠足の話〉を聞いているということを忘れてしまうのです。

② 電車の話は止まらず，〈困った子〉のレッテルが

　「後でね」「今は，その話じゃないの」と言っても，目で〈違う〉ということを合図しても，電車の話は止まりません。結果として，話の聞けない〈困った子〉となってしまいます。

　その子の持つ〈キーワード〉に反応してしまい，〈今話していることは何か？〉が見えなくなり，全く違う話を始めてしまうのです。

　友だち同士でのコミュニケーションでも，同じような状況でトラブルになることがあります。

　成長と共に子どものみで解決できるように，見守る形が増えていきますが，支援を必要とする子の場合は〈サポート〉が必要です。友だちとの関わりの状況を把握しましょう。

★関わり方のポイント

話に合わせて視覚情報も使う

話に合わせた視覚情報を取り入れましょう。
- 遠足の話　＋　遠足のしおり，写真
- 散歩の話　＋　散歩で行く公園の写真

このように〈今話していること〉がわかるような視覚情報を取り入れ，違う話を始めた子には「今は何の話かな？」と写真などを見せて，本人が気づくように促しましょう。頭ごなしに「違うでしょ！　この話でしょ！」と言ってしまうと反発することがあります。

後で聞かせてね！　は，その子との大切な約束

〈話したい〉という気持ちを大切にしてあげましょう。自分の経験したことや気持ちを伝えることは，とても大切な経験です。

そのため，「今は○○のお話だから，後で聞かせてね！」と伝えます。するとその子は，「後で先生が聞いてくれる！」という期待を持ち，頭の中のお話の引き出しに，話したいことをたくさん入れて待っています。

しかし，それをうっかり忘れてしまうと「この人は私の話を聞いてくれない！」とインプットされてしまい，信頼関係が一気に崩れてしまいます。次に同じような場面があり，「後でね」と伝えても信じてもらえず「先生は話を聞いてくれないから，今じゃなきゃダメ！」と集会の中で話し続けてしまうことも考えられます。約束をしたら，しっかりと守りましょう。

子どもの叫び。子どもの困っていること

15 「ちゃんとする」って何？わかんない！
ー 曖昧な言葉の持つニュアンスを理解できない子ども ー

＜吹き出し＞ママも先生も「ちゃんとしなさい！」って言うけれど、ちゃんとするってどういうこと？わかんないよ！

＜吹き出し＞ちゃんと着ましょうね

★どうしてそうなるのでしょう？ ── 子どもの苦手なこと

① 具体的な動きが見えてこない言葉は苦手

「ちゃんとする」という言葉。よく使う言葉ですが〈ちゃんと〉とはどういうことでしょう。改めて考えると漠然としている言葉です。〈曖昧な言葉〉〈漠然とした言葉〉を苦手とする支援を必要とする子には〈ちゃんとする〉という行動がどのようなものかわかりません。

漠然とした言葉でも、その前後の行動や言葉により何を意味するのかわかる子もいます。
　［例］　集会のとき「ちゃんと座っていてね」
　　　　→「集会だから、自分の椅子に座って話を聞くことだな」

しかし、支援を必要とする子は、目に見えない関連性を見つけることが苦手です。集会だからこうするんだ、というつながりを見つけるのは難しいのです。

② 漠然とした言葉はたくさんある

他にも、「きちんと洋服を着てね」「ちゃんと靴を履いてね」「きれいに片付けてね」など、日々の生活の中で多く使われています。就学し、成長していく中では避けられない言葉です。

本人が少しずつ言葉に慣れ、その意味をわかるよう保育者が伝えていくことが大切になります。このような漠然とした言葉に、どのような意味が含まれているのか、細かく配慮しながら指導できる時期に少しずつ慣らしていくことが必要です。

★関わり方のポイント

何をどうしてほしいかを明確に伝える

漠然とした言葉ではなく、明確な言葉で伝えるようにしましょう。

- 「ちゃんと座って」　→　「椅子に座って」
- 「きちんと片付けて」→　「絵本を本棚に片付けて」

など、具体的に表現しましょう。

漠然とした言葉をプラスして慣らしていく

支援を必要とする子のことを知り、誰もが丁寧に指導してくれるとは限りません。丁寧な指導は成長と共に減ってくるのが現実です。そのため、漠然とした言葉に慣らしていくことも同時に行います。

- 「ちゃんと座って」　→　「椅子にちゃんと座ってね」
- 「きちんと片付けて」→　「絵本を本棚にきちんと片付けてね」

というように、明確な言葉の間に漠然とした言葉をプラスするのです。「ちゃんと座りましょう！」と言われたとき、「椅子にちゃんと座って」という言葉を思い出せたら、漠然とした言葉でも行動に移すことができます。

子どもの叫び。子どもの困っていること

16 どーせ，何もできないんだよ！
―― 叱りたくなる行動を取る子ども ――

家でも園でも
「●●しちゃダメでしょ！」
「どうしてそんなことするの？」
ばっかり。
どーせ，ダメな子だよ。

★どうしてそうなるのでしょう？ ── 子どもの苦手なこと

① 発達に問題のないように見える子の中にも，支援を必要とする子がいる

　生活の中で乱暴なことをする，座っていられない，暴言がひどいなど〈困った行動〉を取る子どもがいます。その子どもたちは，「ダメでしょ！」「まったく，また同じことをやって」「何回言えばわかるの！」など，注意を受けることが多いのです。
　その困った行動は本人が困っているものであり，きちんとサポートをしなければなりません。しかし，本人の特性による行動であると理解されていないと家庭でも園でも注意を受けることが多くなります。その結果，「自分はダメな子なんだ」「どーせ，何をやっても注意されるからやらない」「みんなボクのこと嫌いなんだ」など，自己否定型になってしまいます。

② その子に対して園全体の共通理解を持ちましょう

　自己否定型になってしまうと生活全般に影響が出てきます。何をするにも自信が持てず，やる気もなくなってしまうのです。きちんと個々の特性を知り，どこをどのように支援していくのがよいか，家庭との連携はもちろんですが，園全体でも共通理解が必要です。
　担任のいないところで何か問題行動を起こしたとき，園全体で共通理解があれば，担任と同じ対応ができます。共通理解がないと単に叱るだけの職員もいて，せっかく積み上げてきたその子の〈自信〉が崩れてしまうことがあるのです。

★関わり方のポイント

困った行動＝困っているのは本人

　座っていなくてはいけない場面で座れない，ちょっとした一言で怒り出し暴れるなどの行動は，周囲から見て困る行動でもありますが，本人が一番困っているということを忘れないようにしましょう。このような行動を取ってしまった原因を探すことも忘れてはいけません。今後サポートをしていく上でのポイントが見えてくるかもしれないからです。

叱るプロよりほめるプロになろう

　「叱るよりほめよう！」これは，どの本を見ても出てくる言葉でしょう。これはとても大切なことです。叱るプロになるのは簡単ですが，叱ることは基本的に必要のない行動です。
　叱るのではなく，どうしてダメなのかを教える。そして，どうしたらよかったのかを一緒に考えることができるプロが必要なのです。そして，何よりもよい行動を取ったときに，どんな小さなことでも見逃さずほめることができるプロになりましょう。

叱るときは陰で。ほめるときはみんなの前で

　どうしてもやめてほしい行動や困った行動を起こしたとき，必ず集団から離れて，誰にも見られない場所で，1対1で〈やってはいけなかった行動〉を伝えましょう。周囲からの評価を下げず，そして本人のプライドも守るためです。
　逆に，ほめるときは，集団の中でみんなにもわかるようにほめます。本人の自信にもつながると共に周囲からの評価も上がるからです。

子どもの叫び。子どもの困っていること

17 1，敷物　2，弁当　3，水筒…　え？お弁当はまだ入れないの？
―― 臨機応変の対応が難しい子ども ――

（吹き出し）
明日は遠足！
しおりを見ながら準備してるんだ。持ち物は順番通りに入れないと！　え？
お弁当は前の日に入れないの？
どーしよう……

★どうしてそうなるのでしょう？　―― 子どもの苦手なこと

①　順番通りに入れられない

　遠足の準備など，年齢と共に自分でやろうという気持ちや意欲が生まれます。〈臨機応変〉の対応が難しい子は，遠足のしおりに書いてある通りに，リュックサックに荷物を入れることで安心します。しかし，遠足のしおりはリュックサックに入れる順番で書かれていないことが多く，〈1．敷物　2．弁当　3．水筒　4．おやつ……〉というように大切なものが先に書いてあります。

　前日に準備をするときに，「お弁当は明日ね」と言われ，不安になり混乱するのです。

②　入れられずに人まかせに

　後でチェックして入れればよいという臨機応変の対応ができないので，結果的に「もうわかんないよ！」となり，「どうせできないから，やって！」と依存する気持ちに変化してしまうのです。〈後から入れるもの〉と〈今入れることができるもの〉を，持ち物欄を見ても上手に分けて考えることが難しいのです。

　順番へのこだわりなども絡んでくると，余計に難しくなります。遠足当日はもちろんのことですが，前日から不安の種をつくらないように，安定して当日を迎えることができるよう配慮が必要です。

★関わり方のポイント

大人ではなく子どもがわかる〈しおり〉をつくる

保護者が最後に確認をするのは当然ですが，保護者と一緒に，もしくは子ども自身が自分で準備できるような〈しおり〉を作成しましょう。

・ルビをふる　・ひらがなで書く
・文字が読めない子のために絵を添える

など準備段階から期待を持ち，楽しみにできるような工夫をしましょう。

前日と当日の朝とを分けて持ち物一欄を記載する

〈前日から準備ができるもの〉〈当日の朝に準備するもの〉を分けて，持ち物欄に記載してあるとわかりやすいでしょう。

スペースを少しゆったり取り，入れたものをチェックできる欄があるとさらによいです。

支援を必要とする子にもわかりやすい〈しおり〉は誰にでも優しい〈しおり〉

支援を必要とする子に優しくわかりやすい〈しおり〉は，すべての子どもにわかりやすい〈しおり〉です。子ども自身が，自分で見てわかると，自分から進んで準備をしたくなる〈しおり〉になります。当日への期待も，さらに強くなるでしょう。いつものしおりに，少しだけ手を加えてみましょう。

子どもの叫び。子どもの困っていること

18 そんなことがあるなんて聞いてないよ！
-:- 急な予定変更に大きなストレスを感じる子ども -:-

今日はお散歩って言ってたじゃん！雨になったら中止なんて聞いてない！

★どうしてそうなるのでしょう？ ── 子どもの苦手なこと

① 〈予定の変更〉が非常に難しい

　問題なく予定の変更を受け入れる場合もありますが，ものすごく楽しみにしていたことの変更には対応できなくなることが多いです。

　［例］「明日は○○にお散歩に行きます。楽しみにして来てね！」と前日に予定を伝える。
　　　　↓
　　　出かける直前に雨が降り出す。「雨が降っちゃって残念だったね。お散歩は行けません」
　　　　↓
　　　「えー！　そんなの聞いてない，お散歩行くって言ってたじゃん！」と怒り暴れ出す。

② 気持ちの切り替えが難しい

　楽しみにしていたことが中止になると，誰もが残念です。支援を必要としている子の中には，残念に思う気持ちが強く，態度や言葉にその思いが現れる子がいます。そして，気持ちの切り替えが難しいため，そのことが尾を引きます。

　融通がきかないと言ってしまえば，その通りなのですが，伝える言葉，内容に細かな配慮を行えば，本人のストレスも半減させることができます。結果的にはウソになってしまった予定を伝えてしまうと，信頼関係にも問題が生じてしまいますので気をつけましょう。

★関わり方のポイント

予定の変更があることも伝える

翌日の散歩の予定を伝えるときに,「晴れているときは,公園に行きます」「雨のときは,お部屋で遊びます」「曇りのときは……」など,本来の予定が変更になった場合の予定も伝えましょう。

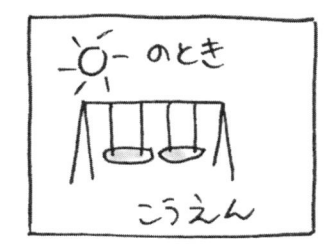

忘れても確認できる方法をとりましょう

前日にすべての予定を話していても,楽しみな予定だけを覚えていて,変更になった場合の予定は忘れてしまいがちです。絵カードや文字カードなどを渡し,その子のわかる形で目に見えるようにしておきましょう。

伝え忘れは潔くあやまる

保育者が伝え忘れてしまうこともあるでしょう。

例えば,目に見える予定変更の教材を提示することを忘れてしまうこともあると思います。そのような場合は,「話すの忘れちゃったね。ごめんね」「書いておけばよかったよね。ごめんなさい」などと素直にあやまりましょう。

子ども扱いをするのではなく,1人の人間としてしっかりと付き合うようにしましょう。

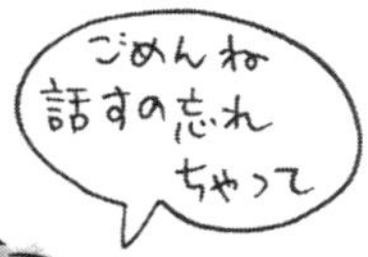

子どもの叫び。子どもの困っていること

19 お箸難しい！ もう食べたくないよ！
⁃⁃ 箸が上手に使えない子ども ⁃⁃

> みんなお箸で上手に食べてる。いいな。全然食べられないよ。ポロポロこぼれちゃうしさ。何でみんな上手につまめるの？

★どうしてそうなるのでしょう？ ── 子どもの苦手なこと

① 箸が使えないと食事も嫌になる

　集団の中には，早くから箸を使えるようになる子がいるため，周囲の子も負けじと箸を使いたいという気持ちが芽生えます。〈箸＝大人〉と感じる子は多く，箸に憧れを感じるのです。支援を必要とする子も同じです。自分も使ってみたいと思うのは心の成長です。

　箸を使ってみたけれど，友だちのように上手につまめない，食べることができない。さらに「えー！　まだお箸使えないの？」と友だちに言われたら，箸を使えない自分が嫌になります。そして，食事も嫌になるのです。嫌というよりは，食事の場面での嫌な思い出がよみがえってきて，食事の時間が嫌いになって食べなくなってしまうのです。これは，食材の好き嫌いや食感の過敏さなどとは関係なく，成長の中での葛藤です。

② 箸が持てるようになるまで上手に支援

　箸を上手に使えるようになるまでには，きちんとした成長の流れがあります。

　〈にぎり持ち〉→〈したて持ち〉→〈えんぴつ持ち〉→〈箸へ移行〉

　このような成長の流れは，個々により様々です。何歳になったから箸を使う，ということではありません。個々の気持ちや成長を大切にしながら，憧れの箸が使えるようになるまで上手に支援していきましょう。

★関わり方のポイント

箸が使えることをステータスにしない

〈箸を上手に使えること〉は，もちろん最終的な目標です。しかし，箸を持つことばかりにこだわるのではなく，食事のマナーを身につけることをメインにしていきましょう。

いくら箸を使っていても，上手に使うことができずたくさんこぼして食べていたら，決してスマートな食事ではありません。〈こぼさないように食べる〉〈姿勢を正して食べる〉など，食事に関して大切なマナーを伝えていきましょう。

サポート器具を活用する

箸は，しっかりと持てるようにサポートつきのものがあります。皿も，上手に食材を集めることができる工夫のあるものもあり，サポートグッズは多種あります。

上手に利用して食事を楽しみながら，マナーを身につけ，サポート器具のついていない箸に移行できるように支援しましょう。

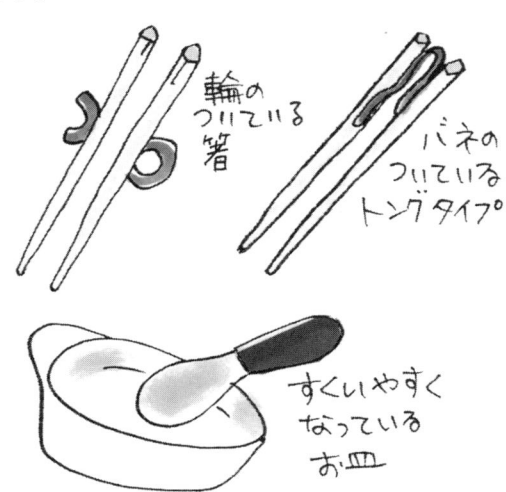

遊びでも箸に触れる

箸を使うおもちゃもあり，遊びの中で楽しく箸の使い方を学ぶこともできます。個々の様子を見ながら，上手に遊びに取り入れるとよいでしょう。

しかし強引に遊ばせる，さらに何度もしつこいくらいに持ち方を指導することはマイナス効果です。適度な声かけ，厚いサポートが大切です。

保護者は，比較的早い段階から〈箸を持たせたい〉と願う気持ちがあります。箸を持てることが成長の証のように感じているのです。しかし，焦って持たせると誤った持ち方の癖がつくことも多くあります。食材をつまむことができない場合もあります。このようなことを保護者に伝え，子どもの個々のペースに合わせましょう。

子どもの叫び。子どもの困っていること

20 ご飯大好き！　他には何も食べないよ！
食へのこだわりが強い子ども

★**どうしてそうなるのでしょう？**── 子どもの苦手なこと

① 〈過敏さ〉や〈こだわり〉による好き嫌い

　多くの人に食べものの好き嫌いはあると思います。支援を必要とする子も同じように好き嫌いは出てきます。それが，大きな問題となってしまう子もいるのです。

　〈食べられるものが極端に少ない〉〈大好きなもの以外への拒絶反応〉〈口に入れるが飲み込めない〉などは単なる〈好き嫌い〉として対応してもよい結果は得られません。支援を必要とする子の特性からくるものがあるからです。

　〈匂いへの過敏さ〉〈硬さへの過敏さ〉〈食品の温かさへのこだわり〉〈食器へのこだわり〉など，個々の〈過敏さ〉や〈こだわり〉が影響してくるためです。昨日は食べたのに，今日は食べないということもあります。気まぐれではなく，食べものが何かしら昨日とは違う形になっているのです。

② 子どもの食事のことで保護者を責めない

　保護者も悩んでいますし，できる限りの努力をしています。保護者が頑張っていないから，いつまでも食べられるものが少ないとは決して思わないでください。

　どうしたら食べてもらえるのかが見えてこないため，まずは少しでも食べてほしいという思いから〈食べてくれるもの〉のみを食べさせていることもあるからです。

★関わり方のポイント

好き嫌いリサーチ

　家庭と園が協力し，どのようなものを食べたか？どのようなものだと拒絶反応を示したか？　などをリサーチしていきましょう。

　その際，食材のリサーチだけではなく，
- ・調理法（蒸す，焼く，煮る）・硬さ
- ・味付け　　　　　　　・食品の熱さ
- ・盛り付けの形，量　　・食器の種類

なども一緒にチェックしていきます。

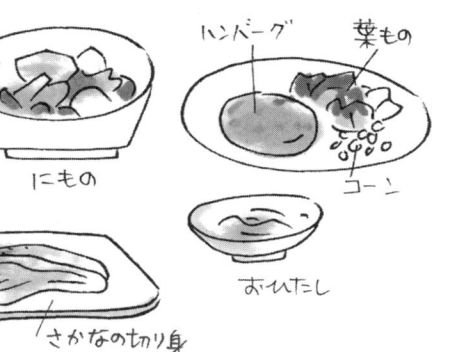

　意外なところで共通点が見つかるかもしれません。

無理強いはせず食事を楽しめるように

　〈1口だけでも〉という思いから，「1口だけ食べてね」と食べさせようとすることもあるでしょう。しかし，その1口から，さらに強い拒絶を示すようになるかもしれません。

　同じ1口でも，
- ・ご飯　1つぶ
- ・ほうれん草の葉　1センチ大

など，究極のスモールステップにしましょう。食べられたものも，同じようにチェックしていきます。

食育の機会を多くする

　買い物へ一緒に行く，野菜を育てて一緒に収穫するなど，〈食育〉の機会を多くつくりましょう。にんじんやピーマンなどがどのような役割を持っているのか，体にどのような影響を与えているのかなど，子どもの興味に合わせて話していきます。

　さらに，一緒に調理をする機会をつくることで，〈食への抵抗〉を減らす効果があります。

子どもの叫び。子どもの困っていること

21 お昼寝なんか大嫌い！ 眠くない！
リズムある生活ができない子ども

何でお昼寝しなきゃ
ダメなの？
今は眠くないし，
遊びたいんだよー！

★どうしてそうなるのでしょう？ ── 子どもの苦手なこと

① 疲れていても眠れない，眠りたくない……

　眠ることを不安に思う子がいます。眠っている間に何か変わっているのではないか，怖い夢を見るのではないか，何か怖いことが起きるのではないか，などと不安になるのです。この気持ちを安心させてあげることが大切です。

　逆に，寝てしまうことがもったいない，起きていた方が楽しいことがあるはず，と思っている場合もあります。

② １日の生活リズムをつくりにくい

　支援を必要とする子は〈生活のリズムが乱れやすい〉〈体がリズムをなかなか覚えない〉ということがあります。〈24時間で１日〉ととらえにくく，眠いときは寝る，遊びたいときは遊ぶという生活で過ごそうとするため，生活リズムをつくりにくいのです。

　〈１日が24時間〉であることは，当たり前のことのようですが，なぜ24時間で１日なのかを考えると，２日で１日と考えて生活してもよい気がします。支援を必要とする子の思考回路には，このような考えがあるかもしれません。しかし体には無理がきます。

　保護者と話し合い，その子が１日をスムーズに過ごせるように，本人にとってベストな生活リズムを意図的につくり上げていくことは，将来的にも大切なことです。

★関わり方のポイント

寝るときの安心グッズ

　寝ることに強い不安を感じる子には，安心できるものを考えましょう。

　〈怖い夢を見る〉という子には，カードに天使の絵やヒーローの絵を描いて枕の下に入れます。そして，「夢の中も助けにきてくれるよ！」というおまじないをするのです。子ども騙しのようですが効果的なこともあります。

この音楽は寝る時間と決める

　オルゴール曲など，現在はリラックスするための音楽が多く出ています。寝るときに聴かせる曲を決めて，家庭でも寝るときに使ってもらいましょう。この曲を聴くと安心して眠れる，または寝る時間だ，とわかるようにします。

1日の生活リズムを見直し，つくる

　生活リズムができていない子は，保護者や担当ドクターと相談して，どのようなリズムがベストかを考えましょう。

　家庭と園が協力して意図的にその子の1日の流れをつくっていきます。

子どもの叫び。子どもの困っていること

22　パンツの中に手を入れると落ち着くよ！
❖ 人前でパンツの中に手を入れる子ども ❖

「手を入れちゃダメ」って言われた。でもね，パンツの中に手を入れると落ち着くんだ。

★どうしてそうなるのでしょう？　── 子どもの苦手なこと

①　支援を必要とする子に限らず，男の子によく見うけられる行動

なぜ，〈パンツの中に手を入れる〉のか，女性にはわかりにくいものです。
〈性器を触って落ち着く〉〈何もすることがなく手持ち無沙汰〉〈周りがキャーキャー騒ぐのを楽しんでいる〉などの理由が考えられます。これは自慰行為とは別のものです。

②　小さいときから早めの対応を

大きくなっても同じ行動を取れば不審者となってしまいます。〈小さいから大丈夫〉という時期はあっという間に終わります。行動が出てきた時点での対応が必要となります。
支援を必要とする子の〈こだわり行動〉となっていることもありますが，公共の場でふさわしくない行動はやめさせていく必要があります。また，ダメだということがわかるまでに時間もかかりますから，行動が現れた時点で対応していくことが必要です。

③　羞恥心を育てていく

支援を必要とする子は精神的に幼い部分もあるので，身体が大きくなっても幼いままでよいような気がします。しかし，世の中はそうは思ってくれません。〈羞恥心〉が芽生えると行動をやめることができる第一歩ですから，〈恥ずかしい〉ということを周囲がゆっくりと伝えていきましょう。

★関わり方のポイント

どのようなときに行動が現れるのかをリサーチする

　どのような場合（時間，場所，周りの様子など）に，パンツに手を入れる行動が現れるのかをリサーチしましょう。

　周囲がうるさいとき，何もすることが見つからないときなど，何か見えてくると思います。そして，その場面になったら近くへ行って様子を見るなど対応しましょう。

騒がず落ち着いた対応で

　つい「キャー！　ダメよ！」などと，慌ててしまったりしますが，その先生の様子を楽しんで，またやってしまうこともあります。冷静に落ち着いて対応しましょう。「パンツに手を入れたら恥ずかしいよ」「手が汚れちゃったから手を洗おうね」など，子どもの近くへ行ってこっそり伝えましょう。本人のプライドが傷つかないように注意します。

自分で気づいたらほめよう

　自分で手を入れていることに気づいて，手を洗うなどの行動を取ったときはほめましょう。そして，「今度は入れないようにしようね」など，次の目標をさりげなく伝えましょう。

子どもの叫び。子どもの困っていること

23 洋服の前と後ろなんかわかんないよ！
― 洋服の前後を見分けられない子ども ―

（イラスト内のセリフ）
- 一生懸命着たのに毎回先生に「違うでしょ？　直して！」って言われるんだ。もう自分で着るの嫌だよ。
- 前と後ろがちがうよ

★どうしてそうなるのでしょう？　―― 子どもの苦手なこと

① 小さな目印を見つけることが難しい

洋服の前後の見分け方が，難しいものが多くなっています。全面に柄のある服や，後ろにプリントがある服などでは，襟首の小さなタグで前後を見分けなければなりません。

しかし，小さな目印を見つけることが難しい子がいるのです。また，支援を必要とする子の中には，〈感覚の過敏さ〉から襟首のタグを嫌がり，外している場合もあります。

② 着ることに一生懸命　→　着る気がなくなる

最初は襟首のタグを気にして着始めたものの，着ているうちに前後がわからなくなってしまうことがあります。しかしなんとか自分で着ることができたにも関わらず，せっかく着たところで，先生に「前と後ろ逆だよ。直してね！」と言われたら「また，最初から!?」と嫌な気持ちになるのです。結果的に「自分で着てもやり直ししなくちゃならないから，やってもらうようにしよう！」と依存するようになってしまいます。

せっかく自立に向けて指導しているのですから，〈マイナス体験〉を積まない工夫をしていくことが大切です。

依存させるのではなく，ちょっとした工夫で本人のやる気をアップさせ，〈成功体験〉を積んでいきましょう。

★関わり方のポイント

保護者に協力依頼を

　オシャレなバックプリントや前後のプリント，そして全面に柄のある服は家庭用にしてもらいましょう。園生活用には，子ども自身が前後を見分けやすく「自分で着られる！」という喜びを多く経験でき，自信が持てるような服にします。そのことを保護者に伝え，協力してもらいましょう。

服の柄はシンプルなものに

- 服の柄はシンプルなもの
- 柄が全くないものよりは前面に柄があるもの
- 誰もが一目見て，前がどちらか判断できるデザインのもの

などが選ぶポイントでしょう。必要に応じて保護者に伝えましょう。

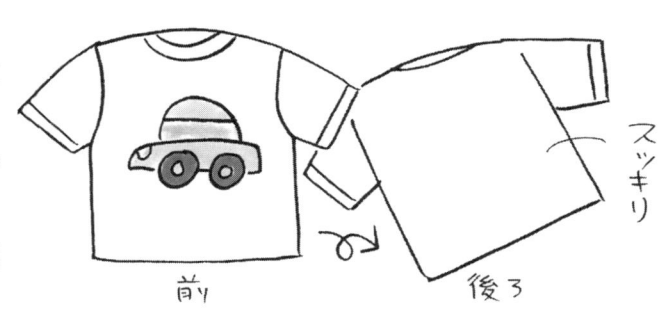

オシャレ服には少し手を加える

　保護者に，「次に服を購入するときはこういうものを」と提示することが難しい場合には，「○○くん，洋服の前と後ろがわかりにくいみたいなので，今あるお洋服に少しだけ手を加えていただけないでしょうか？」とお願いをしてみましょう。例えば，〈服の前面に可愛いアップリケで目印をつけてもらう〉〈ズボンは前の部分にボタンをつけてもらう〉など手を加えてもらうように伝えましょう。

　子どものタイプにより，後ろに目印をつけた方がよい場合もあるかもしれません。その子の特性をよく見て，どのような形で支援をするのがよいのか考えていきます。

　保護者に協力してもらうことなので，思うように進まないかもしれません。しかし，今，本人がどのように困っていて，どうしたら困らず自信を持つことができ，スムーズに生活できるようになるかを保護者に伝えていきましょう。わが子のためとわかれば協力してもらえるはずです。

子どもの叫び。子どもの困っていること

24　場所がずれている？　もうボタン嫌いだよ！
ボタンかけが上手にできない子ども

> こんな小さな穴に入れるんだよ。
> ボタンって大変！
> 頑張ってできたのに
> 場所が違うんだって！
> もうヤダ！

★どうしてそうなるのでしょう？ ── 子どもの苦手なこと

① 洋服のボタンと穴を合わせるのは複数の作業を同時にこなすこと

　園服にボタンがあれば，当然のように毎日ボタンとつきあわなくてはなりません。
　ボタンで子どもたちを混乱させてしまう要因は，
- 同じボタンが並んでいる，同じ形のボタンホールが並んでいる
- その中からペアを探さなくてはならない
- 小さな穴（ボタンホール）に，ボタンを通す

などです。指先の微細な動きが苦手な子も，神経を集中させて取り組みます。

② ボタンかけでプライドを傷つけない

　必死にやったボタンかけでしたが，先生に「ずれてるよ」と知らされたり，ササッと直されたりすると，本人のプライドは傷つき，やる気もなくなってしまいます。このようなマイナス体験は，ボタンそのものを嫌いにさせてしまいます。

　支援を必要とする子は，周囲の子がササッとボタンかけをこなしている様子を見て，どうして自分だけできないのだろう，ダメな子だ，と自信をなくしてしまいます。このようにならないためにも，適切なサポートをして自信を持たせ，さらにスムーズにボタンかけができるよう支援していきましょう。ボタンかけは成長と共に必要になる技術です。

★関わり方のポイント

ボタンを大きく，ボタンホールも大きく

園服などは，比較的ボタンもボタンホールも大きいものが多いと思います。

しかし現在の大きさで難しいようであればさらに一回り大きなボタンに替え，ボタンホールも大きくするとよいでしょう。保護者に協力してもらいましょう。

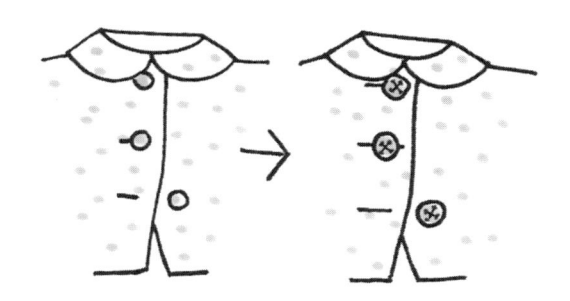

ボタン&ボタンホールを色でマッチング

かけ間違いの多い子には，色でマッチングをするとよいでしょう。保護者にボタンとボタンホールの色を合わせてもらうのです。同じ色で合体させていくと，目で見てわかりやすく，さらにかけ間違いも自分で気づくことができます。

ボタンかけを経験する機会を増やす

通常の生活では，比較的Ｔシャツタイプの服が多いと思います。保護者も小さいうちはボタンのない脱ぎ着させやすいものを選びがちです。そのため，意図的にボタンかけを経験する機会を増やしていく必要があります。

・園服があれば，園服を着る機会を増やす

・工作用のスモックをボタンのついている服にする

・ままごと用にボタンのついている服を用意する

など，日常の生活や遊びの中にボタンを意図的に入れるのです。経験を重ねることでコツをつかめる子もいます。

子どもの叫び。子どもの困っていること

25 靴が反対!? せっかく履いたのにー！
靴を上手に履けない子ども

一生懸命履いたのにー！
「左右がはんたいよ」って
履き替えさせられた！
もう靴なんか履かないもん！

はんたいよ

★どうしてそうなるのでしょう？ ―― 子どもの苦手なこと

① 靴の左右を見分けるのが難しい

・外側を見たら，左右が同じ形に見える。

・左右の柄が同じに見える。

このような状態のものを自分で見分けなくてはならないのです。

小さな違いに気づき，自分で左右を見分けるのは，支援を必要とする子にとって〈困難な課題〉です。

② 努力したことを否定しない

どの子にも，「自分でー！」と，何事も自分でやってみようとするができない時期があります。支援を必要とする子も同じように，成長過程で出てきます。

靴を履くのは大変な作業で，一生懸命履き，達成感を味わっていたところに，「左右が逆だから履き替えて」と言われては，努力したことすべてを否定されたのと同じです。

〈自分は思うようにできない〉というような経験をしないで成長することはありません。どの子も葛藤しながら成長しますが，支援を必要とする子はサポートがないと成長がスムーズにいかないことが多くあります。年齢による発達段階ではなく，その子の発達段階をしっかりと見極め，適切な対応・サポートを気長に続けていきましょう。

2 発達が気になる子どもへの配慮と対応

★関わり方のポイント

その子の発達段階をしっかりと把握する

支援を必要とする子には，発達のバランスが悪いことが多いです。ほとんど発達に問題ないのではと思われる子でも，ある1ヵ所，発達が著しく遅れている場合があります。

個々の発達段階をしっかりと把握しましょう。

目で見て判断できるよう印をつける

靴の左右を混乱させないために，その子のわかりやすい方法を見つけます。

[例]
・靴の内側にマークをつける。
　→マークが仲良し（くっつく）すると左右は合っている
・靴の外側にマークをつける。
　→マークが離れていると左右は合っている
・靴の前方に絵を描く。
　→パズルのように右と左の絵を合わせると左右は合っている

どのような形，方法がよいか，家庭にも相談しながら進めましょう。

マークつけは家庭で行ってもらいます。

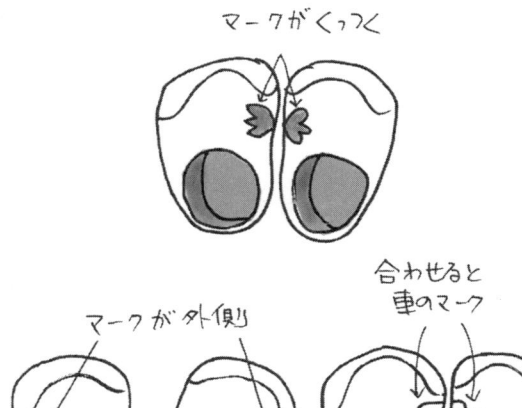

間違えたとき，本人が気づくような声かけをしよう

保育者がちょっと目を離したときに，左右反対に靴を履いてしまった場合は〈本人が気づくような声かけ〉をしましょう。

慌てて「反対でしょ！　履き替えてね」と言うのではなく，「あれ？　マークが遠くに行ってるよ？」など，目印となるマークに気づくような声かけをします。

自分で，間違いに気づき履き替えたときは，その瞬間を逃さず，たくさんほめて自信が持てるようにしましょう。

63

子どもの叫び。子どもの困っていること

26 お医者さん大嫌い！健康診断なんかしないよ！
-:- 嫌な思い出がなかなか克服できない子ども -:-

＞＞＞ 何で保育園（幼稚園）なのに痛いことするの？絶対お医者さんのいる部屋には行かないよ！

★どうしてそうなるのでしょう？── 子どもの苦手なこと
① 嫌な思い出がよみがえり拒絶反応を示す

　園の健康診断などは，その1つです。家庭で〈お医者さんに行く〉ということが，保護者を悩ませる最大のイベントになっている場合は，園でも健康診断が難しいでしょう。

　〈医者＝痛いこと（注射）〉〈医者＝苦い薬〉〈医者＝知らない人に口の中を見せる，体を触らせる〉など，医者のイメージが〈怖いもの〉〈嫌なもの〉〈不安なもの〉になっているのです。

② 一度，嫌なイメージを持ってしまうとイメージを変えることは難しい

　最初の病院での診察から保護者が気をつけておき，医者に対してよいイメージを持つようにすればよかったのでは，と思われるかもしれませんが，初めから支援を必要とする子であるとわかるよりも，成長と共に支援を必要とするということがわかる場合が多いのです。

　「病院になぜこんなに拒絶反応するのかしら？」と思うものの何が理由かわからないまま育てていくうちに，やがて支援を必要とする子とわかり，戸惑い悩む保護者が多いのです。

　一度，怖いと思ってしまったイメージをすべてなくすことはできなくても，少しずつよいイメージに変えていく必要があります。本人が不安と戦って頑張っていることを忘れず，上手にみんなで協力して支援していきましょう。

2 発達が気になる子どもへの配慮と対応

★関わり方のポイント

事前に健康診断の内容を伝える

　これから行うことを，写真や絵カードを使って伝えましょう。そして，どうしてそのようなことをやるのか，目的も本人にわかるように伝えましょう。

　不安な気持ちを和らげて健康診断に臨むことは，本人の心の安定につながります。騒ぐからダメな子ではなく，何におびえているのか，不安を持っているのかということに目を向け，本人の気持ちに寄り添いましょう。

健康診断のリハーサルをしてみましょう

　健康診断の前に，ふだんの活動の中で〈健康診断ごっこ〉をしましょう。保育者はドクターのように白衣を着て，診察や健康診断のリハーサルをします。聴診器なども実際に使ってみましょう。

　耳鼻科などは，ふだんも行く機会が少ないため恐怖心も倍増です。耳や鼻を見るときは，リハーサルをしておくと不安な気持ちを軽減できます。

　可能であれば，事前に健康診断で使う器具などに触れさせたり，どのように使うかその子に説明を聞かせてもよいでしょう。

遊びの中にも健康診断を取り入れる

　遊びの中にも，〈お医者さんごっこ〉などの遊びを取り入れましょう。最初は，可愛いタイプのおもちゃから入り，少しずつ様子を見て，本物に近いものに変えていきましょう。

　ふだん遊び慣れているもので，よく目にするものであれば，不安な気持ちも和らぎます。子ども用の白衣なども準備してあげると，さらに気分が盛り上がって楽しいですよ。

子どもの叫び。子どもの困っていること

27 痛いの痛いの飛んでけ!? 怖いよ！
― たとえがわからない子ども ―

「痛いの飛んでけ」って…
ケガした指を飛ばしちゃうの？
そんなの怖いよー！

痛いの痛いの飛んでけ〜

★どうしてそうなるのでしょう？ ── 子どもの苦手なこと

① 「比喩」の意味するところがわからない

支援を必要とする子は、〈比喩（たとえ）〉がわからない場合が多いものです。

幼い子が転んだときに「痛いの痛いの飛んでけー！」とよく使うでしょう。その言葉の意味は、「〈痛い〉という感覚を飛ばしてしまおう，痛くなくなるよ！」ということです。

しかし、〈比喩〉の意味がわからず，言葉の意味をそのまま受け取る子どもたちにとっては〈痛い部分が飛んでいく〉とイメージしてしまうのです。〈指をケガした〉→〈痛いの痛いの飛んでけー〉→〈痛い指が取れて飛んでいく〉

② 言葉の意味をそのまま受け取る

こんな話がありました。動物園の表示で「たたかないでください」と書いてあったのに，突然，蹴り始めた子どもがいました。言葉の意味をそのまま受け取る子は，「たたいてはいけない。でも，蹴るのはよい」と考えてしまったのです。

「動物がびっくりしてしまうのでガラスをたたいたり，蹴ったりしないでください」などと書いて本人にきちんと伝わるよう考えなくてはなりません。

2 発達が気になる子どもへの配慮と対応

★関わり方のポイント
「たとえ」は使わないようにしましょう

「痛いの飛んでけー」のようなたとえを使って痛いという気持ちを和らげようとしても，かえって不安にさせてしまいます。

たとえではなく，その子の気持ちに寄り添って対処方法を明確に伝えましょう。

［例］　転んでしまったとき

　　　　「痛いの痛いの飛んでけー」はNGです。
　　　　　　　　↓
　　　　「痛かったね」と，気持ちを共感します。
　　　　　　　　↓
　　　　「転んで汚れたところを水で流して，バイ菌にバイバイしようね。バイ菌をバイバイすれば，痛くなくなるよ」
　　　　「洋服に血がつくと困るから，血が止まらなかったらバンソウコウしようね」

というように，これからやること（治療）をはっきりと伝えると，本人は先の見通しが持てるようになり，結果的に安心することができます。

すべて言葉にして，しっかり伝える

1つの言葉に込められている意味を，私たちは見つけようとし，理解しようとします。
しかし，支援を必要とする子は，見えないもの，聞こえないものはわかりません。
伝えたいことすべてを言葉にしてしっかりと伝えましょう。

［例］　友だちをたたいている子に対して
　　　　保育者「お友だちをたたいてはダメよ」

　　　　子ども「たたいちゃダメなら，かみつくのはいいよね」（たたくこと以外はすべてよいと思ってしまう）
　　　　　　　　↓
　　　　保育者「お友だちをたたいたり，蹴ったりしてはダメよ。かみつく，つねる，ひっかくもダメ」

　　　　子ども「たたかないし，つねったり，痛いことはしないよ」

このように伝えることで，何がダメなことなのか，はっきりと伝わります。

遊び編

子どもの叫び。子どもの困っていること

28 あっちもこっちも気になるぞー！
―― 遊びのアンテナがたくさん立っている子ども ――

「どうしてすぐに飽きちゃうの？」って言われたんだけどでもさ！ あっちにもこっちにもいろいろあるんだもん。

★どうしてそうなるのでしょう？ ―― 子どもの苦手なこと

① 周囲への〈関心アンテナ〉が体全体から出ている

〈周囲で何が起きているか？〉〈友だちは，どんな遊びをしているのだろう？〉〈友だちは何を話しているんだろう？〉〈先生は何をしているのかな？〉など気になることすべてを，身体全体を使って感じようとしています。または，感じてしまうのです。

そのため，遊びに夢中になったと見えても，すぐに別の場所（遊び）へ移動してしまい，周囲の人には〈落ち着きのない子〉〈遊び込むことができない子〉と感じられるでしょう。その子の〈特性だから仕方ない〉という対応ではなく，その特性を知り，きちんとした支援をしていくことが大切です。

〈どんな遊びが好きなのか？〉〈何に興味・関心があるのか？〉〈どのような状況だとウロウロ動くのが激しくなるのか？〉などをリサーチしてみましょう。

② まずは環境を整える

リサーチしたことを踏まえて，〈遊びたい〉〈遊びに夢中になりたい〉と思っているであろう本人が，遊び込むことができるような環境を整えることが大切です。

室内の遊ぶ空間はもちろんですが，周囲の人も環境の一部です。子どもたちの様子，保育者の声，遊びの内容，出ているおもちゃの内容など，すべての環境を意識しましょう。

★関わり方のポイント

遊びのコーナー設定をしっかりしましょう

　本人が遊びたいものを見つけたら，その子が集中できるような環境設定をします。静かに遊ぶコーナーのすぐ横に，走り回るようなコーナーがあると，座ってじっくり遊ぶことは難しいので，よく考えて設定しましょう。

　　・自分のやりたい遊びを見つけられる環境
　　・静と動を上手に組み合わせたコーナー設定

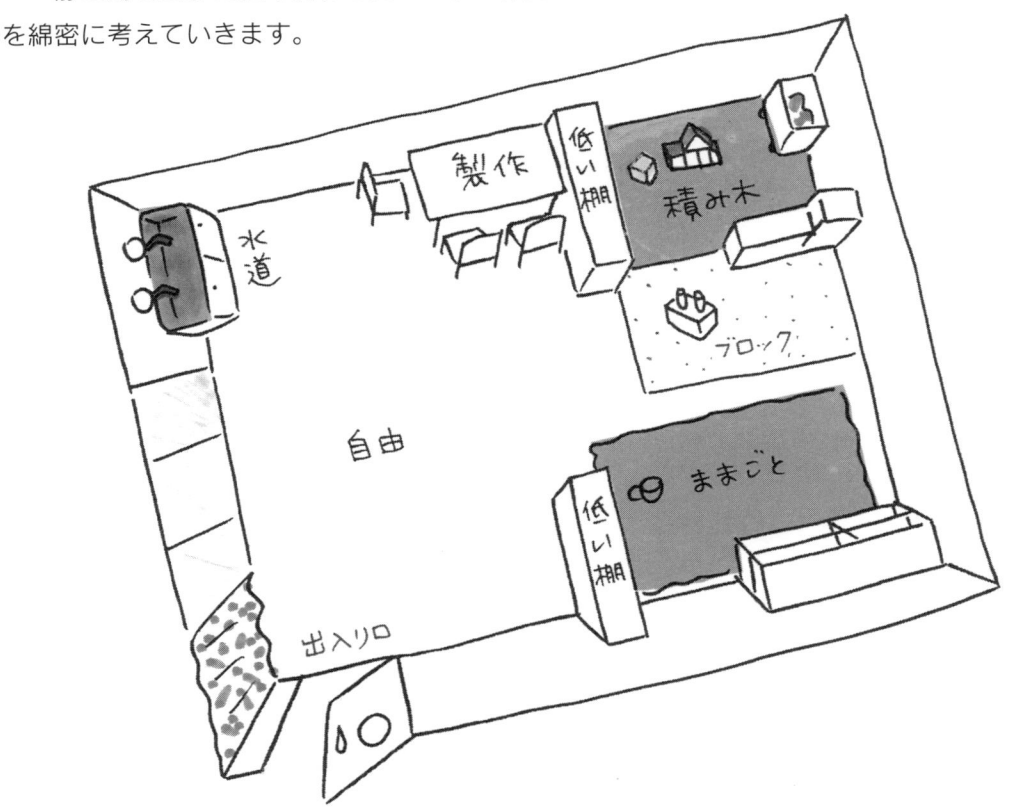

を綿密に考えていきます。

1人でじっくり取り組める場所づくり

　一斉活動で製作などを行うとき，どうしても周囲に気が散ってしまうようであれば，本人が落ち着ける場所づくりをしましょう。

　教室の角，壁に向かって座る，パーティションを使うなど，本人がじっくりと取り組める環境をつくります。気になるものが本人の視界に入らないような配慮が必要です。

　また，この〈1人でじっくりコーナー〉は，誰でも利用できるコーナーにしましょう。そのため，2コーナー以上つくれたらベストです。支援を必要とする子だけの場所にしてしまうと，「ずるい！　○○ちゃんだけ！」と子どもたちから不満の声が出るかもしれないからです。使いたいときに使ってよいコーナーにすれば，不満もなくなるでしょう。

子どもの叫び。子どもの困っていること

29 友だちと遊ばないと悪い子なの？
⊹ 友だちと遊ぶことがストレスになる子ども ⊹

（どうして先生は言うの？「お友だちと遊びましょう！」って。友だちと遊ばないと悪い子なの？）

（あっちで〇〇ごっこしているよ）

★どうしてそうなるのでしょう？ ── 子どもの苦手なこと

① 友だちと遊ぶのは緊張の連続

〈友だちと遊ぶ〉ということは，予想できないことばかりです。自分の思っているように，友だちが対応してくれるとは限りません。ただでさえ本人は園生活という慣れない場所で，常にアンテナを張り巡らせて，神経を張って生活しているのです。

② 1人で遊びながらも友だちの遊びを気にしている

見通しが持てない不安な状況で友だちの輪に入っていくより，見通しの持てる遊びを1人で楽しんでいる方が充実しているのです。それと同時に周囲の状況を観察しています。

「友だちはどうやって遊んでいるの？　何を話している？」

「先生は，何をしている人？」「保育園（幼稚園）って，何をするところ？」

など様々なことを自分で確認しながら，少しずつ環境，人に慣れていきます。

このような状況の中で保育者が「友だちと遊びましょう」と子どもに繰り返すと，「友だちと遊べない自分は悪い子かも」とその子の自尊心が傷ついてしまうことがあります。ケンカをして遊べなくなっているのか，周囲の様子を確認しているのかを見極めましょう。

友だちに目が向けられるようになり一緒に遊べるようになるまで，大きなステップを乗り越えなくてはいけないので，保育者の適切なサポートが必要になります。

2　発達が気になる子どもへの配慮と対応

★関わり方のポイント

友だちと遊ぶことが一番と考えない

集団の役割を、〈友だちと関わるためのもの〉〈友だちと遊ぶためのもの〉と考える大人は多いです。

しかし、〈家庭〉という小さな集団・社会から、〈園〉という少し大きな集団・社会の体験への発展と考えましょう。この体験の中に、友だちと遊ぶということも含まれますが、家庭との違いを知ること、体験することが、一番だと考えましょう。

友だちと遊ぶことを無理強いしない

少人数のグループや集団で遊ぶとき、「○○ちゃん、これから▲▲を始めるよ。一緒にやってみる？」と声かけをします。

- 「一緒にやる！」となれば、プラス体験を積み上げるため、ルールを間違えるなどの失敗がないようできる限り近くでサポートします。
- 「やりたくない！」という意思表示であれば無理強いせず「遊びたくなったら来てね」と声をかけ、その後の様子を見ていきます。こちらを見ているかな？　興味を持っているかな？　など、その子の反応を見ていきましょう。

興味関心のある "もの" から、友だちと関わる遊びへ広げる

友だちとの関わりを少しずつ経験させることも大切です。本人の興味がある "もの" から、発展させた遊びで友だちとの関わりを広げられるようにサポートします。

「電車に興味がある」
　　　　↓
「電車ごっこ」

というように、興味のあるものに関連させた集団遊びを取り入れます。

そして、集団遊びの輪に入れるようにサポートしていきます。あくまでも強制ではなく興味を引き出すように促していきましょう。

子どもの叫び。子どもの困っていること

30　積み木を倒して遊んじゃダメなの？
ー 特定の楽しさにこだわる子ども ー

> 積み木を倒したら大きな音がしたよ！おもしろくって，もう1回やろうとしたら「やめなさい！」って。どうして？

★どうしてそうなるのでしょう？　── 子どもの苦手なこと

① 積み木は倒すと楽しい

　誰にとっても〈積み木を倒す〉という行為により生まれる音，振動，目の前から消えていく積み木の動きなどは不思議で，とても刺激的です。
　しかし，保育者や親にとって積み木は〈積んで遊ぶもの〉という固定観念があることが多く，〈倒す〉という遊び方は〈困った行動・困った遊び方〉になります。

② 積み木を倒してもよい遊びを子どもと見つける

　どんなおもちゃも遊び方は1つではありません。子どもは〈遊びの発明家〉です。大人は発明家の遊び方を学びつつ，柔軟な遊び心を常に持つ必要があります。積み木は積み上げなくても，そのパーツ1つで，電車にも線路にもなります。動物や携帯電話にもなり，〈見立て遊び〉にも使えるおもちゃです。積み上げる以外の遊び方を，子どもと一緒に見つけていくと楽しいでしょう。
　しかし，友だちが一生懸命つくったものを倒して楽しむということは，やってはいけない行為ですから，上手にやめさせなければなりません。
　〈友だちがつくったものは大事なものだから倒してはいけない〉としっかり伝え，倒したいという気持ちを満足させる遊びへ促すことが必要になります。

★関わり方のポイント

手や指先の感覚の発達が未熟な子がいることを知る

　支援を必要とする子の中には，指先の感覚や動きの発達が未熟な子がいます。そのため，積み木を積み上げたり，思うように積み木を扱うことができずにイライラすることもあります。

　△歳だから積める遊びができて当然，ではないことを知っておきましょう。

積み木を倒して遊ぶコーナーづくり

　Ａコーナー：積み木を積みながら"形"をつくって楽しむ場所
　Ｂコーナー：積み木を積み上げてから"倒す"ことを楽しむ場所

というように，遊びを分けて配置します。Ａコーナーの友だちが積み上げている積み木が視界に入らない配慮も大切です。

いろいろな遊び方があることを周囲にも伝える

　倒すことが〈悪いこと〉ではなく，〈１つの遊び方〉であることを周囲の子どもたちへ認識させることも大切です。

　「○○ちゃん，積み木を倒して悪い子！」にならないように，「積み木を倒すと，すごい音がするね」「高く積み上げた積み木が一瞬で低くなっちゃうんだよ」など，周囲の子どもたちへもいろいろな遊び方を伝えましょう。

子どもの叫び。子どもの困っていること

31　どうして先生はいつも私を叱るの？
全部自分に言われていると思い込んでしまう子ども

> またお片付けできてないって先生が私に言うの。お片付けしたのにな。

★どうしてそうなるのでしょう？ ── 子どもの苦手なこと

① 先生の話はどれも，自分だけに言われていると感じてしまう

　例えば，一斉に片付けをしているときに，「ブロックがいつもきちんと片付けできてないよ。ちゃんと片付けようね」と保育者がクラスの全員に投げかけたとします。そんなとき支援を必要とする子は〈自分だけに〉言われたと感じることがあるのです。

　さらに，数名の子の名前を挙げて注意している近くにいたりすると〈また自分に言われた〉と思い，1日中ずっと〈自分は叱られている〉と感じてしまうのです。

② 自分だけに言われたと思い〈自分だけ〉でやろうとする

　本来全員でやるべきことや，集団でやるべきことを〈自分だけ〉でやろうとしてトラブルになることがあります。例えば，ブロックをみんなで片付ける際，自分だけに言われたと思い，自分で全部片付けようとして，他の子にブロックを触らせないことがあります。

　周囲の子が手伝おう，片付けようとしても「先生に頼まれたのは私！」と，友だちに主張してしまうことがあるのです。「みんなでやったほうが早いよ」と言われても，支援を必要とする子は臨機応変の対応が難しいので，〈自分だけ〉でやろうとするのです。

　そして，結果的に，友だちから「なんで，片付けさせてくれないの？」「1人だけほめられたいからだ！」などと，反感をかってしまうこともあるのです。

★関わり方のポイント

誰に伝えるのかを明確にする

集団の中で一斉に伝えたいときは「〇〇ぐみのみんなに話すね！」というように、〈誰に向けて話しているのか〉を明確にします。

個別に、数名に伝えたいときにはその子たちの近くで伝えるようにします。

遠くから「●●ちゃん！　△△くん！　ブロックを片付けてね」というような声かけはやめましょう。名前を言っても、名前の部分が抜けて「ブロック片付けて」だけが本人の耳に届き、「また怒られた」と感じてしまうことがあるからです。

〈誰に話している〉のか、わかる写真や絵があればベスト

クラスの集合写真や個別の写真、または〈みんな〉がわかるような絵などを掲げながら話し、〈大勢に向けて話している〉ということが見えるようにします。

最初に「〇〇ぐみのみんな」と伝えていても、話を聞いているうちに、そのことを忘れてしまい、結果的に自分だけに言われていると思ってしまうことがあるからです。

子どもの叫び。子どもの困っていること

32 もうお部屋に入るの？ 聞いてない！
～ 気持ちの切り替えが苦手な子ども ～

（吹き出し）まだまだお庭で遊びたいのにどうしてお部屋に入るの？そんなこと言ってなかった！聞いてない！

（先生）おへやにはいりまーす

★どうしてそうなるのでしょう？ ── 子どもの苦手なこと

① 気持ちの切り替えが難しい

「○時まで園庭で遊びますよ」と予定を伝えたのに，支援を必要とする子は楽しいことに没頭すると，聞いていた内容はすっかり忘れて「そんなの聞いてない！」と言うことがあります。また，本人にとって次の行動が嫌なことだと，忘れているのではなく，その話を聞いてなかったことにしてしまうこともあります。

これは，支援を必要とする子の〈気持ちの切り替えの難しさ〉という特性からくるものです。誰もが楽しいことをずっとしていたいという気持ちはありますが，次の予定があれば，楽しい活動を我慢して次の行動に移っていきます。しかし，支援を必要とする子は，我慢して気持ちを切り替えるということは非常に難しく，〈楽しいこと＝ずっとやっていたい→ずっとできる〉と，予定を自分でつくり上げてしまうこともあるのです。

② 〈集団で動く〉〈集団生活〉を少しずつ学ぶ必要性

非常に子どもらしく，自分の気持ちに素直であるとも言えますが，将来的な見通しを考えると，楽しいことでも我慢して行動を切り替えることが必要になります。そのため，スムーズに気持ちの切り替えができるよう促し，生活の流れは〈自分中心〉だけではなく〈集団〉で動いていくことがあることも教えていかなくてはなりません。

★関わり方のポイント

1日の流れを視覚的に伝える

　朝の時点で，その日の流れを"声"と"写真・絵カード"などを利用して伝え，今日1日の見通しが持てるようにします。

　時間も一緒に記入できればさらによいでしょう。子どもたちにわかりやすい形を考えます。支援を必要とする子は，見通しが持てることで安定して生活できるようになります。

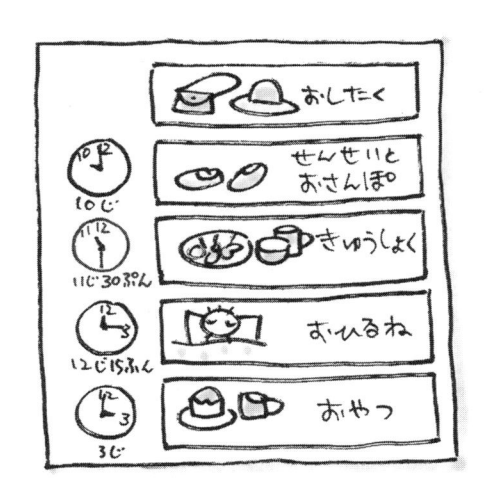

携帯用カードも利用しましょう

　全員で見る大きなカードにプラスして，個別に利用できる〈携帯カード〉もあると便利です。後の予定がわからなくなったとき，本人がその場で確認することができます。

本人が思い出せる声かけ

　保育者が「次は○○でしょ」と伝えると「そんなの知らない！　聞いてない！」と返事をする子がいた場合，本人が次の予定に気づくような声かけが大切です。「何で！　さっき言ったでしょ！」は逆効果です。さらに反発してきます。

　　[例]　園庭遊び→給食準備
　　・保育者「次，何するんだっけ？　先生忘れちゃった。どうしよう！」
　　・保育者「次のカードがどれだかわからなくなっちゃった。どれだっけ。困ったな」

と，保育者は園庭のカード，給食のカードを持ち，その子の近くで困ったように話すと，正義の味方である支援を必要とする子は反応してくれるでしょう。「先生！　給食のカードだよ！」と教えてくれたときは，「ありがとう！」と伝え，「給食の準備のために何をすればいいんだっけ？」と一緒に考える時間があるとさらによいでしょう。

キッチンタイマーなどを利用

　時間を見ることが苦手な子には，キッチンタイマーなど，決めた時間に音が鳴るものを準備しましょう。

　数字が読める子であれば，さらに効果があります。数字（時間）が減るのが一目見てわかるからです。

子どもの叫び。子どもの困っていること

33 「ごめんね」って，あやまっているのに返事してくれない!?
⋯ しつこさや，こだわりのある子ども ⋯

★どうしてそうなるのでしょう？── 子どもの苦手なこと

① １つのルールを学ぶと，そのルールに臨機応変に対応することができない

　［例］　Aくん（支援を必要とする子）とBくんがケンカして，取っ組み合いになる。
　　　　　　　↓
　Bくんは悪かったなと思ってあやまるが，Aくんは興奮状態でBくんの「ごめんね」は耳に入らない。Bくんは無視されたと思い，その場を怒って立ち去る。
　　　　　　　↓
　しばらくして落ち着いたAくんが悪かったと思い，Bくんにあやまりに行く。しかしBくんは無視されたと思っているのでAくんを無視。何度あやまっても知らんぷり。
　　　　　　　↓
　Aくんは，Bくんの様子に関係なく，しつこく「ごめんね」を連発。

　このような状況になるのは，Aくんの頭の中に〈ごめんね→いいよ〉というルールが入っていて，相手がどのような態度をとっていても「いいよ」と言われるまで完結できないのです。

② 相手の気持ちが読めない

　「もう一度後で言おう」「Bくん怒っているから，今はやめよう」とは思えないのです。相手の気持ちを知るために，大人の適切な支援が必要になります。

★関わり方のポイント

しつこさの裏の気持ちに気づく

　しつこく相手に同じ言葉を繰り返している様子を見たときに〈何をしているんだろう？〉と思うだけではなく，その〈しつこさの裏の気持ち〉を読み取っていきましょう。決して相手に嫌な気持ちを与えようと思っているわけではなく，本人は一生懸命，自分の気持ちを相手に伝えているのです。どうしてよいかわからず，一番困っているのは本人です。

多くの人が感じる気持ちを伝える

　保育者が「○○ちゃんはバカって言われてとっても悲しいの」と伝えても「私はそう思わない！」と返してくることがあると思います。これは意地やへそ曲がりではなく，本当の気持ち，思いなのです。

　支援を必要とする子の中には，独自の感情，感じ方を持つ子が多く，本当に〈そう思わない〉のです。

　この場合「多くの人は，バカって言われるととっても悲しい気持ちになるからね。言わないようにしよう」と伝えましょう。多くの人が感じる気持ちを言葉にして伝えることが大切です。

絵や漫画などで視覚から伝える

　話しただけでは納得できない子もいるでしょう。このような場合，4コマ漫画のように簡単にストーリーを絵にして伝えましょう。吹き出しに言葉や感情を入れます。

　さらに，〈悲しい〉〈嬉しい〉〈辛い〉〈楽しい〉などの気持ちがわかるように，表情に工夫をして，相手の気持ちを目で見てわかるように伝える方法もあります。

子どもの叫び。子どもの困っていること

34 両方の足でジャンプ!?
できないよ！　無理！
━ 運動能力の発達がアンバランスな子ども ━

ジャンプするのは大好きだけれど高い場所からなんて難しいよー！そんなの怖い！

★どうしてそうなるのでしょう？　── 子どもの苦手なこと
① 発達のバランスに乱れがある
　知的に問題がなく，日常生活にも問題となることなど見えないのに，〈特定のことだけできない〉子どもたちがいます。特に，園生活の中で見えてくるものは〈運動能力〉です。
　乳児期の成長発達に問題があると言われたことのない子が，平坦な場所であれば両足ジャンプができるのに，高いところからとなるとできない。かけっこも遅い，よく転ぶなど，「どうしてこの子が？」と思うことが出てくるかもしれません。
　その子は，発達のバランスに乱れがあるかもしれません。ふだんの問題ない生活からみると「何をふざけているの？」と感じてしまうかもしれません。どのような部分が苦手なのかを知り，どのような支援を必要としているのかを見つけていくことが必要になります。
② 〈できない〉〈苦手〉とする部分だけに支援が必要
　園生活の時期は，新しいことにどんどんチャレンジをしていき，できることが増え，遊びが広がっていきます。しかし思うように体を動かすことができない，周囲の友だちが〈できている〉ことが自分には〈できない〉と落ち込むこともあります。このような場合，本人の心が傷ついてしまいます。得意なこと，苦手なことが誰にでもあることを伝えると共に，どのように支援したら苦手なことができるようになるのか，その方法も探っていきましょう。

★関わり方のポイント

苦手ポイントをチェックする

何度やってもできないこと，本人は努力しているが難しい活動などを把握しましょう。

　［例］　両足ジャンプの場合

　　　　①平坦なところで
　　　　　（できる・できない）

　　　　②1センチの高さで
　　　　　（できる・できない）

　　　　③10センチの高さで保育者と手をつないで
　　　　　（できる・できない）

など，両足ジャンプ1つでも，チェックすることはたくさんあります。チェックした上で，どのようなことが苦手なのかを把握しましょう。

関連した遊びを取り入れる

大きな動きや運動が苦手な子には，体全体を使った遊びを意図的に取り入れます。

　［例］　・いもむしゴロゴロ（マットの上を転がる）

　　　　・動物ごっこ（ゾウ，ライオン，カバなどになって四つんばいで歩く）

指先の微細運動が苦手な子にはまず，単純な動作で繰り返して行いやすい，指先を使った遊びを取り入れます。

　［例］　・紙のビリビリ破き（新聞紙などをどんどん小さく破っていく）

　　　　・ハサミで切り目を入れる（いろいろな厚みの紙を切ってみる。トイレットペーパーの芯の片端に切り目を入れて，タコ〈海の生物〉をつくったりする）

いもむしゴロゴロ　　動物ごっこ　　紙のビリビリ破き

子どもの叫び。子どもの困っていること

35 ルールわかんない！　もう遊ばない！
ゲームのルールが理解しづらい子ども

★どうしてそうなるのでしょう？ ── 子どもの苦手なこと

① ルールをきちんと把握するのは簡単なことではない

「だるまさんがころんだ」などは比較的わかりやすい遊びだと思いますが，たくさんの約束事が入り混じって，1つのルールになっています。

［オニのルール］

　オニはみんなに背を向けて立ち，目をつぶって「だるまさんがころんだ」と大きな声で言う→言い終わったら振り向き，友だちの動きをチェック→動いていた人を発見したら，名前を呼んで，手をつなぐ→……

［オニでない人のルール］

　オニが「だるまさんがころんだ」を言っている間だけ動く→オニが振り向いたら止まる→動いてしまったときはオニに名前を呼ばれて，手をつなぎに行く→……

と，途中まででも，これだけのことをすべて頭で理解して動かなくてはいけません。

② 嫌なことも少しずつ経験させる

〈勝ちにこだわる〉子は多く，オニになるのが嫌でゲームに参加しない，またはゲームをしていてもオニになった時点で「ゲームをやめる」，相手が強そうなら「もうやらない」と言い出す子もいます。しかし，勝敗というのは人生の中で避けては通れないものであり，身近なところでは運動会などもあります。少しずつ経験をさせていくことが大切です。

★関わり方のポイント

繰り返し体験できる環境をつくる

支援を必要としない子が１回で覚えてできることでも，支援を必要とする子はその何十倍も時間がかかることがあります。

「もう３回教えたからわかっているでしょ！」ではなく，その子に必要な回数を体験，経験できるように同じ遊びを繰り返せる機会をつくりましょう。

勝敗があるものを経験させる

ゲームや競争には〈勝敗〉があることを伝えていきましょう。園や家庭で安定した生活を送るために，勝敗をあやふやにしたり，勝敗がないような形にしようとするかもしれません。

しかし，人生というスパンで考えると，少しずつ嫌なことや苦手なことも経験しなければなりません。支援を必要とする子は，状況判断や感情の理解が全くできないのではなく，状況判断や感情理解を自分のものにするまでに時間がかかります。

勝ったとき，負けたときの〈感情〉を伝える

〈表情カード〉などをつくって活用しましょう。

〈勝ったときはどんな気持ち？〉〈負けたときはどんな気持ち？〉〈負けそうだからって逃げたらどんな気持ち？〉〈負けて泣いたときはどんな気持ち？〉など，本人の気持ちや周りの人の気持ちを表情カードなどを使って確認しましょう。

相手の感情を知ることが苦手な子どもが，自分以外の人にも喜怒哀楽の感情があることを学ぶ手段は，個々によっていろいろ工夫しなければなりません。

子どもの叫び。子どもの困っていること

36 片付け？　どうやるのかわかんないよ！
―― 漠然とした言葉が理解できない子ども ――

★どうしてそうなるのでしょう？　―― 子どもの苦手なこと

① 〈片付け〉とは何をすることかわかりにくい

　片付けとは改めて考えると，とても漠然とした言葉ですが，〈何を〉〈どこに〉〈どのようにする〉ということをすべて含められるとても便利な言葉です。しかし，〈漠然〉とした言葉の意味を理解することが苦手な子どもたちには，非常にわかりにくい言葉でもあります。

　意味がわからないので，ウロウロして情報をキャッチしようとしたり，キョロキョロして友だちの様子を見ようとします。しかし，クラスの子ども全員が真面目に片付けに取り組んでいないかもしれません。支援を必要とする子は，その様子を見て何をするべきなのかを把握できず，遊びだしてしまうこともあるでしょう。その行動だけを見て〈困った子〉〈困った行動〉と保育者や周りの大人は感じてしまいますが，一番困っているのは本人です。

② 誰にでもわかりやすい言葉を選んでいるか？

　保育者や周りの大人がわかりやすい言葉を使って声かけをしているか，お互いに確認してみましょう。

　〈片付け〉と同様に曖昧な言葉に〈支度〉もあります。園生活では欠かせない行動であり，よく使う言葉です。誰にでもわかりやすい言葉を選んで使うようにしましょう。経験していくことで，いずれ〈片付け〉〈支度〉も何をしたらよいのかわかるようになっていきます。

★関わり方のポイント

具体的な言葉で伝える

クラスを運営していく中で，クラス全員の子どもたちに，「お片付けしましょう」と声をかけることは問題ありません。しかし，ウロウロする子，キョロキョロする子，遊びだしている子がいたら，個別に具体的に内容を伝えていきましょう。

［例］「この絵本を"本棚"にしまってきてね」
　　　「積み木を"積み木の箱"に入れてね」
　　〈何を〉〈どこに〉〈どのように〉することなのかを，具体的に伝えます。

絵カードなどを使い視覚から伝える

〈片付け〉の具体的な作業を示す絵カードや写真カードをつくっておきましょう。

集団で一斉に話すときに使うと効果的です。また，片付けが始まってウロウロとしてしまう子に，〈個別に見せて伝える〉カードとしても利用できます。

［例］・片付けをしている場面
　　　・きれいに絵本が並んでいる本棚
　　　・おもちゃが入っているおもちゃ箱

片付ける場所がわかるような環境づくり

戸棚や本棚に，それぞれ片付けるものを写真や文字を書いて貼っておきましょう。

「毎日同じ場所だからわかっているはず」と思うかもしれませんが，わからない子もいることを考え，どの子にも明確にわかるような環境づくりをしていきましょう。

子どもの叫び。子どもの困っていること

37 プール怖くてできない！ やらないよ！
嫌な経験がいつまでも忘れられない子ども

> この前，水で遊んでいたら顔に水がかかったんだ！
> 怖かった。
> もう水遊びもプールも嫌い！

★どうしてそうなるのでしょう？ ── 子どもの苦手なこと

① 予想外のことには混乱する

支援を必要とする子は感覚的に苦手なものが多く，予想外の出来事もとても苦手です。

自分自身で，今の状況からどうなっていくのか，どうやって遊ぼうかなどと，頭の中で予想・想像しながら過ごしていて，その予想・想像していた以外の新しいことが起きると，頭の中がパニックになってしまうのです。

② 突然の嫌な出来事や，それが起こった場所などが忘れられない

不意に頭から水をかけられたり，顔に水がはねたりした予想外の出来事は衝撃が大きいです。この経験により〈水への恐怖心や不安感〉が生まれてしまうことがあります。「子どもは水遊びが好きなはず」と思う方は多いのですが，このような固定観念は捨てましょう。

1つの遊びで不安感や恐怖心が強まってしまうと，他の遊びにも警戒心が強くなってしまい，遊びの取り掛かりが難しくなります。さらに遊びだけではなく，嫌な経験をした場所そのものが，その子にとって〈居心地の悪い不安な場所〉になってしまうこともあるのです。

また，嫌な経験はその後もずっと覚えていて，同じ場面，同じ状況になると思い出して，そのときの嫌な気持ちになってしまいます。夏などの期間限定の遊びは，最初の1歩が肝心です。楽しく，無理なく，継続できるような遊びの導入をしていきましょう。

★関わり方のポイント

プールの前に水遊び

　プールの時期に近くなってくると，水遊びを行うと思います。支援を必要とする子のためには特に意図的に水に触れる機会を多く組み込んでいきましょう。プールに入る前に水に慣れることが大切です。

離れて自分のペースで遊べる場所

　クラスなど集団で水遊びやプールを楽しむとき，少しだけ離れて遊べる場所をつくりましょう。

　他の子どもたちが元気に遊んでいても，その水しぶきがかからない場所，自分のペースで水と触れ合える場所をつくるのです。

ぬれたときの対応策を教える

　保育者や子どもの人数により難しい場合も多いと思いますが，できることならプールは少人数から始めるとよいでしょう。水しぶきを浴びにくい状態からプールに慣れさせていくためです。

　その際，「顔に水がかかったら，プルンプルンとふくのよ」と手でふく方法を教えたり，それでも水が怖いようなら，小さなタオルをプールサイドに準備して「これでふいていいのよ」と伝え，安心感を持たせます。少しずつタオルがなくても遊べるようになっていきます。

子どもの叫び。子どもの困っていること

38 粘土遊びなんか，だいっ嫌い！　やらないよ！
感覚が過敏な子ども

（イラスト：「ネチョネチョしてくさい！　何でこんなの触んなきゃダメなの？　やりたくない！　嫌い！」）

★どうしてそうなるのでしょう？　——　子どもの苦手なこと
① 触れたことのないものや匂いに嫌悪感を持ってしまう

　支援を必要とする子の中には，遊びの種類によって激しく抵抗を示す場合があり〈粘土〉は特に嫌がる子が多いです。通常の生活の中であまり触れる機会のないものや，触れたことのない感覚のものに，最初は強い抵抗を示します。さらに匂いに敏感な子も多いので，油粘土に嫌悪感を示す子は少なくありません。さらに，汚れに敏感な子は〈汚い〉と感じて油粘土に抵抗を示します。

　油粘土が苦手な子は，砂遊び，泥んこ遊びなども苦手なことが多いです。多くの子が大好きな遊びですが，苦手な子もいるのです。その遊びのどんなところを嫌がっているのかということを，様々な遊びを通してチェックしていくことも必要です。

② 〈新しいこと・もの〉に恐怖心を持つ

　無理強いせず，楽しみながら新しいことにチャレンジできる〈最初の環境づくり〉は重要です。最初に不快感を与えてしまうと，2度目のチャレンジは〈やりたくない！〉という思いが強く出てしまうので，最初が肝心です。マイナスイメージは心の中に，ずっと残ってしまいます。

　油粘土は，家庭ではあまり使いません。園で初めて使うことが多いですから，楽しく遊ぶことができるように，上手に促すことが大切です。

★関わり方のポイント

最初の粘土は匂いが少ないものがベスト

　油粘土を苦手とする子は，支援を必要とする子以外にもいるでしょう。最初に触れる粘土は，〈匂いが少ない〉ものを選びましょう。着色もしやすく，つくる段階から見て楽しめる小麦粉粘土はお勧めです。

　　［小麦粉粘土のつくり方］

　　　・小麦粉に塩を1つまみ，サラダ油を少々入れる。

　　　・水を少しずつ入れてこねていく。

　　　・食紅などを利用し，カラフルな粘土にしていく。

　　　・遊んだ後は，ビニール袋などに密閉して冷蔵庫で保存する。

　　　　※1週間くらいは使えます。（季節による）

　　　　※小麦粉アレルギーのある子は避ける。

　　　　※できた作品は長く置かない。カビがはえるので注意。

指1本でちょっと触れるところから

　抵抗を示す子は，粘土のかたまりを渡しても触れることはなかなかできません。目の前で楽しく遊んでいる友だちなどの様子を見せましょう。

　そして，興味を持っている様子が見えてきたら，「一緒に○○つくってみる？」と誘ってみます。

　そして，指1本で触れることを勧めてみます。抵抗を示している子が，指1本でも触れることはとても勇気がいることです。少しでも触れることができたことをすごいこととして認めましょう。

　そして次に「何かつくってみる？」と声をかけるなど，スモールステップで進めていきましょう。

子どもの叫び。子どもの困っていること

39 ハサミでちゃんと切ったのに怒らないで！
物事を順序立ててすることが難しい子ども

（先生が「ハサミで切りましょう！」って言ったから髪の毛切ったのに何で怒ってるの？）

★ どうしてそうなるのでしょう？ ── 子どもの苦手なこと

① 物事の関連性がとらえにくい

　［例］「今日は工作でロボットをつくります。"紙"を配ります」と紙を配布
　　　→「"ハサミ"で切りましょう」とハサミを配布

　このような流れであれば，多くの人は先に配られた"紙"を"ハサミ"で切ると思って行動します。しかし，ハサミがその紙を切るためのものとして結びつかない子もいるのです。

② 物事を順序立てて考えるのが難しい

　〈紙を配布する〉ということは，そこで1つの行動が完結しています。紙が配られた後，次の行動を伝える〈ハサミで切りましょう〉という言葉が聞こえてきても，支援を必要とする子は何を切ればよいのかわからず行動が止まったり，全く違うものを切るという行動を取ってしまったりするのです。

　また，「今日は工作をします。紙を配るので，ハサミで切って，○○をつくりましょう。ノリやセロハンテープが欲しいときは言ってね」と一度にすべての作業を話されたら，支援を必要とする子でなくても，言われた言葉の順番がわからず，「ハサミ何に使うんだっけ？」「紙は折るんだっけ？」とポイントとなる言葉は覚えていても，何をどういった順番で行うかわからなくなってしまうことがあります。

★関わり方のポイント

個々によって理解する方法は異なる

　保育者は〈文字を見てやるべきことがわかる子〉〈写真や絵を手がかりにしてわかる子〉〈耳から説明が入ることでわかる子〉など様々な子がいることを知りましょう。

　どの子にとっても、やるべきことが明確に伝わり、これから行うことの見通しが持てるような提示の仕方を考えます。

　［例］　A　文字を見てわかる子のために、一目見てわかる言葉で手順を書く。
　　　　　B　写真や絵を手がかりにしてわかる子のために、手順を示した写真や絵を並べる。
　　　　　C　聞いてわかる子のために簡潔な言葉でタイミングよく手順を伝える。

手順をわかりやすく提示する

　上記のA＋Bで手順を掲示します。1つひとつの動作を、写真や絵で表し、その下または横に「紙を折る」「折った紙をハサミで切る」などの作業を示す言葉も書き添えます。

個別での指導も忘れずに

　まずは、写真や絵の流れに沿って、クラス全体に説明をします。

　その上で個別の指導も行っていきます。子どもによっては、1動作終了ごとに、次の動作を説明します。

　さらに、行動の終了がわかりにくい子には絵（写真）の手順カードをつくり、その行動が終わったら〈おわり〉と書いたカゴや箱に保育者と子どもで一緒に入れるようにします。

子どもの叫び。子どもの困っていること

40 ハサミ使うのめんどくさいよー！
思い通りにできずイライラする子ども

> みんなできているのに
> どうしてボクはできないの？
> はずかしいからやめたい。
> めんどくさーい！

★どうしてそうなるのでしょう？ ── 子どもの苦手なこと

① 自分だけができないことがわかり劣等感を持つ

　支援を必要とする子は，周りの友だちができているのに自分ができないことに，強い劣等感を感じます。「友だちと同じようにできる」と思ってチャレンジしますが，なかなか思うように手が動かずつくれません。そして〈できない自分〉と葛藤し始めるのです。

　一度，劣等感を感じてしまうと，すべてに対してやる気をなくし「どーせ，何もできないからやらない」「こういうの嫌い」というように，挑戦する気持ちがなくなり，マイナス効果を生んでしまいます。ふだんの生活の中でも，洋服のボタンかけや靴を履くなどのときに，自分の思うようにならずイライラすることもあるでしょう。また，周囲が「できるはずだから，頑張って！」と言葉でプレッシャーを与えてしまっていることもあるでしょう。

② できることを伸ばし自信を持たせることが大切

　保育者は，子どもの「できない」ことに，どう対応するか悩むよりも，子どもの「できる」ことを見つけ，子どもに自信を持たせていくことがとても大切です。

　一度，「自分はダメな子」と思ってしまうと，そこから抜け出せない子も少なくありません。そのため，園などで工作を行う場合は，グループ製作や個別指導なども取り入れ，上手に自信が持てるようにしてあげましょう。

2 発達が気になる子どもへの配慮と対応

★関わり方のポイント

スモールステップでやる気アップ

やるべきことを分割して考え，スモールステップで提示していきます。1つの動作ごとにゴールをつくりましょう。ゴールが近いとやる気が出てきます。

ハサミであれば，1回で切れる短冊から始め，2回で切り落とせるもの，そして3回で切れるもの，とスモールステップで進めましょう。

できることから自信を持たせて

〈この子は今どのくらいの課題ができるのか〉ということをきちんと把握して，できることから始めましょう。

できたときには「できた！」という喜びを一緒に共有し自信が持てるようにします。

そして，次へのステップにつなげます。

［例］　ハサミの1回切り→2回切り
　　　　ハサミの直線切り→曲線切り

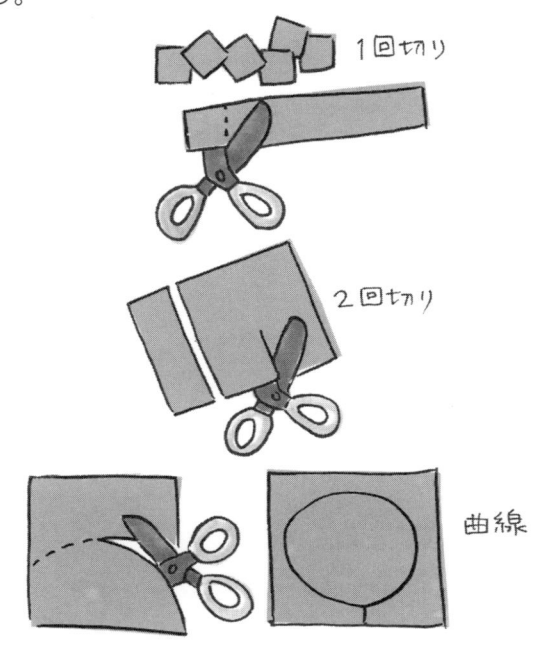

達成感をしっかりと持たせよう

ハサミで紙を切っておしまいではなく，切ったものを貼って飾りものにしたり，ビニール袋に入れてボールをつくったりして活用することも考えましょう。どのステップでも達成感を持つことができるようにします。

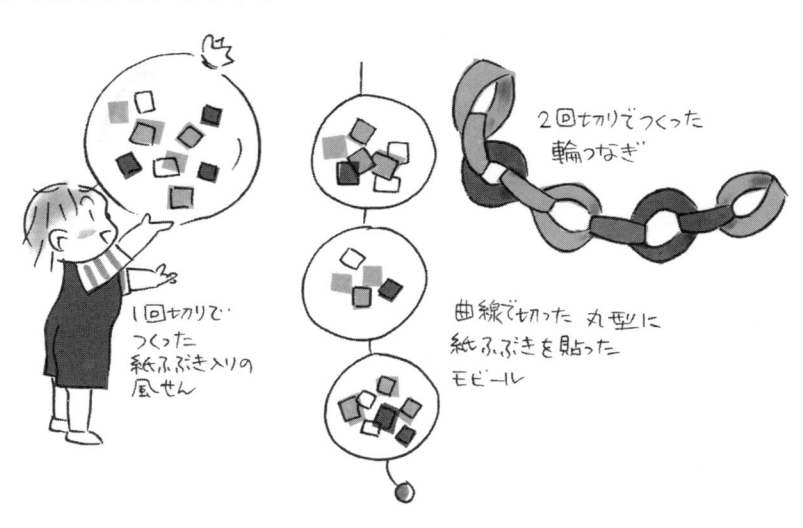

子どもの叫び。子どもの困っていること

41　ノリつけるのって難しい！　できないよ！
──　ノリと紙が見分けにくい子ども　──

（吹き出し）ノリを使ってつくっていたけどどこ塗ってるのかわかんなくなっちゃうんだよ。もう，ノリ使うの嫌だ！

ベタベタ

★どうしてそうなるのでしょう？　──　子どもの苦手なこと

① 同じ色で同化してしまうものを見分けることが苦手

　園などで製作のときに使用するノリは〈白いタイプ〉のクリーム状のノリや〈透明タイプ〉の液体のノリが多く，貼るときに使う画用紙も基本的には白が多いと思います。

　〈白い紙〉に〈白色・透明のノリ〉を使うと，誰でも塗っている場所がわかりにくいですが，支援を必要とする子はわかりにくいと悩むだけでなく混乱してしまうのです。

　〈ノリを塗る〉作業に没頭→何をつくっているのか，どこまでノリをつけるのか，どこまでノリをつけたのかわからなくなる→「もうできない」と混乱してしまうのです。

② 指で触れるノリの感覚が嫌い

　感覚が過敏であり，ノリに触れることを嫌がって製作が進まないこともあります。

　園などで使うノリはクリーム状で指につけて使うタイプが多いですが，クリーム状のベタベタした感じが嫌いな子どももいます。

　子どもの発達段階において，様々な素材に触れることは大切なことですから，指でノリを使ってほしいものです。しかし，感覚が過敏な子どもたちには，ノリ1つでもどんなノリを使用すると嫌にならずに製作できるのかを考える必要があることを意識しましょう。

　製作は好きなのに道具によって，製作が苦手となってしまう子もいます。どのタイプの子に対しても，製作の楽しさを感じることができるような働きかけを考えていきましょう。

2 発達が気になる子どもへの配慮と対応

★関わり方のポイント

便利グッズは大いに活用しよう

　保育者は子どもに様々な素材に触れてほしい，苦手な素材にも触れてほしいという願いがありますが
〈汚れることを嫌がる子〉
〈ベトベトした感触のものが苦手な子〉
など誰もが何にでも触れられるとは限りません。保育者は様々なタイプの子がいることを知り，ノリは，スティックタイプのノリも準備しましょう。まずは，製作を楽しめる工夫が大切です。

いろいろなノリ

目で見てわかるノリ選び

　白い紙でも塗った場所がわかるような色つきのノリを使ってみましょう。ノリを塗った場所に〈色がつく〉と，目で確認しやすく，スムーズに製作を行うことができます。

小さなものから大きなものへ

　大きなものを製作する方がノリをつけやすいと感じますが，ノリが苦手な子に対しては，最初は〈輪つなぎ〉のような小さなものがよいでしょう。紙の小さな部分にノリをつけて貼り，完成が早く見えるものを製作する方が取り組みやすいです。

・ノリをつける面積の少ない作品
・「できた！」と達成感を早く感じることができるような，製作過程が簡単な教材
・ノリをつける箇所にわかりやすいように印を付ける

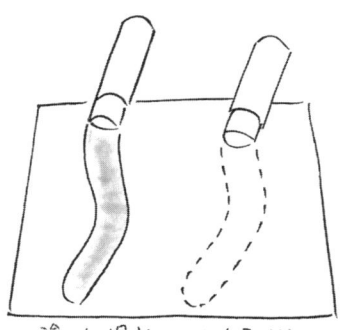

塗った場所がわかるノリ

というような配慮をして，〈製作は楽しい〉と感じるプラスの経験を積み重ねていくことは苦手なものを克服していくのに必要なことです。

青いところにノリをつける

できた！

95

●○●支援を必要とする子について知ってもらう出張チーム！●○●

〈キャラバン隊レインボー〉

～いっしょにいきていこう！
　　ひとりひとりのちからをだしあいながら～

　キャラバン隊レインボーは，支援を必要とする子（知的障がい児，肢体不自由児）の保護者を中心に立ち上げたチームです。現在は，保護者ではない方も，私たちの思いに賛同しメンバーとなり一緒に活動をしています。

講座の様子

　日常によくある場面を障がい疑似体験を交えた劇にし，障がいとはどういうことなのか？ということや対応の仕方などを伝え，支援を必要とする子について知ってもらう会場全員参加型の出張授業を行っています。

　「虹は，いろいろな色が重なり合ってできています。虹は1色では輝くことはできないでしょう」という語りかけからスタートし，虹を私たちの住むこの世界に見立てて「この世界にもいろいろな人がいる。すべての人が虹のように寄り添って支えあえたら，虹のようにキラキラと輝く未来になる」という思いを伝えています。

　授業の中では〈障がい〉という言葉を一切使いません。〈苦手がたくさんある子どもたち〉と伝えています。誰にでも苦手なことはあります。私たちの子どもは，その〈苦手〉がたくさんあると伝えています。障がいのある子に偏見があった方や，全く興味関心もなかった方にも，同じ世界に住んでいる仲間と感じてもらえています。

　小学校・中学校を中心に，ヘルパー講習，子育て支援センターの職員研修，企業の新任研修，そして保護者など様々な場で，支援を必要とする子を知ってもらう授業を行っています。

保護者，特別支援学校，地域のNPOで作成したパンフレット

　どの命もかけがえのない大切な命。1つひとつの命が「生まれてきてよかった！」と笑顔で過ごせる世の中を目指し，日々活動しています。

　　　　　　　　　　　　　　キャラバン隊レインボー代表　　両角美映

第3章
発達を支援するおもちゃと遊び
苦手なことに合わせておもちゃを選ぼう，いろいろな遊びを楽しもう

　遊びは様々な能力を伸ばしていく力があります。
　支援を必要とする子は興味の対象が狭い範囲であったり，遊びに強いこだわりがあったりしますが，いろいろな遊びを試すきっかけは用意したいものです。
　楽しく様々な能力を身につけていけるように，苦手なことに合わせておもちゃを選んだり，つくったりしながら遊びましょう。

Q. 体を動かすことが好きではない，苦手な子には？

A. 楽しく体を動かしたくなるように，動作を加えて，音が出るおもちゃや，大胆な動きで遊べるものを用意しましょう。

ペットボトルボーリング

倒れたことが目でも耳でもわかるように，ピンをカラフルに装飾したり，音が出る工夫をします。

いろいろなボールやダンボール箱

足やお腹，背中などでボールに乗ったり，トンネルのようにダンボール箱をくぐってみたり，身体のいろいろな部分を使って遊びましょう。静と動のどちらの遊びも体験できるように工夫しましょう。

新聞紙

新聞紙をとにかくビリビリ破って楽しみましょう。手や指の動かし方や力の入れ具合を知るきっかけにもなります。さらに，破ったものでボールをつくったり，洋服をつくったりして楽しみましょう。

Q. 指先の細かい動きが苦手な子には？

A. つまむ前に《つかむ》ことから始めましょう。

空き缶でハンカチ手品？

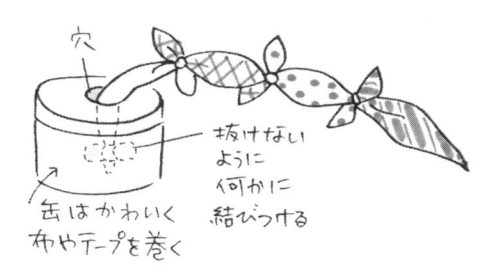

つかんで引っ張ると，どんどん出てくるハンカチに子どもはワクワクドキドキ！
〈つかんで・引っ張る〉を繰り返す遊びを楽しみましょう。手品のように演出するとさらに楽しくなります。

カラフル玉ひもちゃん

玉の穴にぴったりの太さのひもを選ぶことで，つかんで引っ張る力が必要になります。玉を1つずつ移動させて遊びましょう。

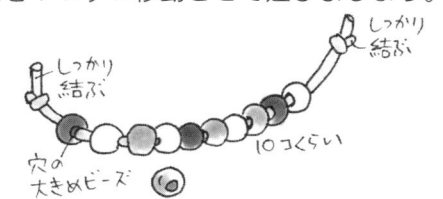

その際，子どものそばで「1，2，3…」「赤，青，黄色…」などと声をかけると，色や数の概念も自然に学ぶことができます。

プルトイ

遊び方は引いて歩くだけではありません。座って引っ張ることも遊びの1つ。ゆるやかなスロープなどでも楽しみましょう。

ねじ遊び

〈つかむ〉に〈ひねる〉動きを加えて遊びます。2つのことを同時に行うことが苦手な子どもに挑戦してもらうとよいでしょう。

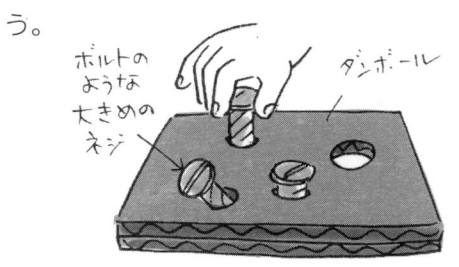

ペットボトルフワシャカ

つかむ力がないと，シャカシャカ振れません。小さなペットボトルから，大きなペットボトルへと，楽しみながらつかむ力をつけていきましょう。

★ 《つかむ》ことができてきたら，《つまむ》遊びもしましょう！

シロフォンクーゲルバーン　(株)ブラザー・ジョルダン社

転がる玉の心地よい音に誘われて，何度も玉をつまんで遊びたくなります。

プラスチック容器のコイン落とし

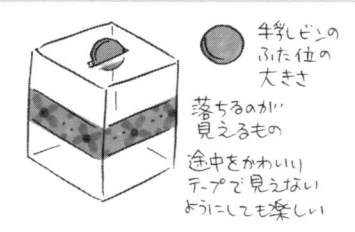

最初は，コインを穴に入れやすい向きになるように容器を置きます。できるようになってきたら，穴の向きを変えて，あえて手首をひねるようにさせます。

フワフワ玉ばさみ

最初はつまみやすいトングなどを利用して，トングが上手になったら箸へ移行。フワフワしているからつまみやすいです。ままごと遊びに加えても楽しいでしょう。

※玉はボンテンという手芸用品です。

洗濯バサミライオン

洗濯バサミをたくさんとめて，ライオンにします。つまむ部分の形や幅は子どもの手の状態に合わせて選んで使いましょう。

ウエットティッシュケースの玉つまみ

ビーズをつまんで放す動作を繰り返します。つまむビーズは，大きいものから少しずつ小さいものへ変えていきましょう。

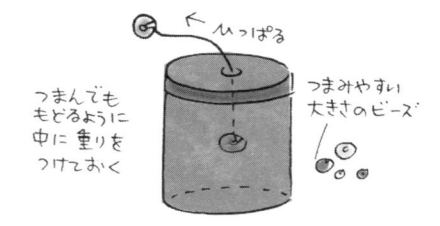

リングのタワー

タワーは1本だけの方が集中できるので入れやすいでしょう。リングの色や数に意識を向けさせて楽しむ遊び方もあります。

例えば，最初は赤と青などのわかりやすい色のリングで，2択問題にします。「赤いりんごと同じ赤はどっち？」と聞いてリングを選択させ，棒に通します。2択ができたら3択。色ができたら数へ…，遊び方は広がります。

Q. 集中力がない子には？

A. 楽しみながら集中する時間を長くしていきましょう。

ガイド付きドミノ

立てやすくて，並べやすいです。これをクリアしたら，ガイドを使わないドミノへステップアップします。

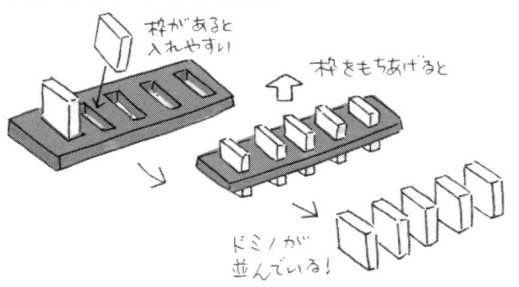

つまみ付きパズル

平らなパズルよりもつかみやすいので，ピッタリ合わせる微調整にイライラしないで遊べるでしょう。

ボタン・スナップ・マジックテープ

子どもの興味のあるデザインでつくりましょう。ボタンやスナップは，最初は大きいものが扱いやすいです。

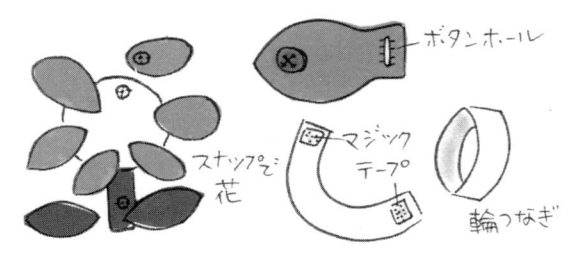

音の鳴るおもちゃづくり

つくりあげる作業から子どもと一緒に行いましょう。ビーズなどの量は鳴らしてみながら決めましょう。

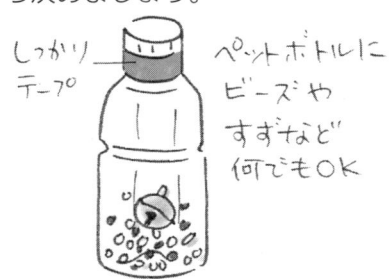

ソフトブロック

組み立てることが大好きな子には，扱いやすいように楽にはめられるブロックを選びましょう。

紙コップけん玉

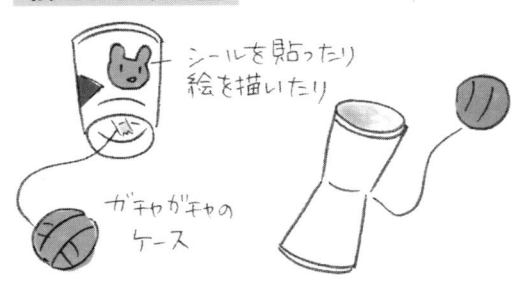

最初はコップ1つから始めましょう。慣れてきたら2つのコップでつくります。遊ぶときの手の動きも違いますね。

★集中力がついてきたら，少し難易度アップ！

ひも通し

いろいろな穴の空いたものをひもに通しましょう。ひもの先はビーズより少し長めにして硬くし，通しやすく引っ張りやすくします。できるようになったら先端の硬い部分を短くしましょう。

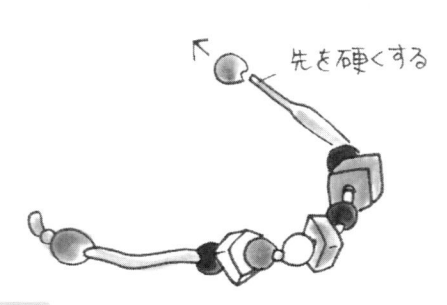

先を硬くする

アイロンビーズ

ビーズをプレートに並べて，絵柄をつくります。大きいビーズ（直径1cm）から始めて，つくる楽しさを体験しましょう。最後に，紙を載せてアイロンをかけてくっつけます。ビーズは誤飲に注意。

ブロック

大きめのブロックから，徐々に難易度をアップして小さなブロックへ！ カチッときちんとはめられるには力を加えつつ微調整が必要です。

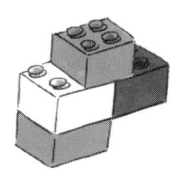

ピクチャーパズル

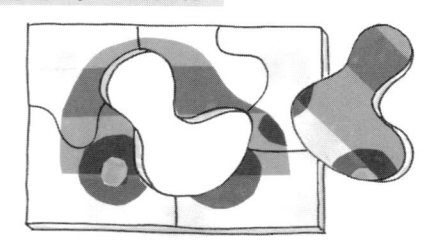

見る力（集中力）がついたら，絵合わせパズルに挑戦！ 無理のないピース数で楽しみましょう。

チェーンリング

はめる，はずすには集中力が必要です。小さいパーツなので誤飲に注意。

長くつなげたり，色分けして形をつくったり，つなげたかたまりを振って遊んだり，ままごと遊びに利用したりと，活用方法は多様です。

空き缶積み

中に入れるものの種類や量を調節します。
重心を低くすると安定して積みやすいでしょう。

中に米や豆を入れると音がして楽しい
ダンボールでふさぐ
かわいい布やシール

3 発達を支援するおもちゃと遊び

Q. コミュニケーションが上手にできない子には？

A. 人との関わりがあると楽しさが倍増するおもちゃを使おう。

ままごと

ままごとは〈女の子の遊び〉ではありません。男の子もたっぷりと楽しめます。

子ども同士のやりとりには保育者の支援が必要になることがあります。無理強いせず上手にバックアップしましょう。

ころころ&坂

1人で癒されるのもよいですが，友だちと坂道競争などもしてみましょう。坂道の角度や表面の素材で滑り方が違うので，その違いを子どもに発見させる声かけや探しっこ競争もしてみましょう。

お医者さんグッズ

お医者さんごっこを楽しめると，お医者さん嫌いも治るかもしれません。

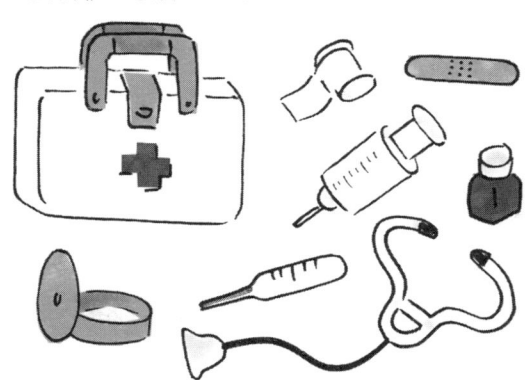

積み木（木，コルク）

投げるのが心配な子にはコルクタイプ，きちんと積む感覚を味わうには木の積み木をというように使い分けるとよいでしょう。最初は1人で，そして，少しずつ友だちと積み木を合体させて大きな作品へと移ります。

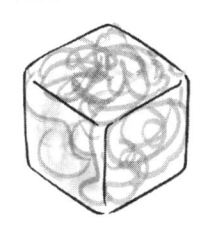

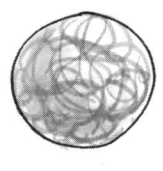

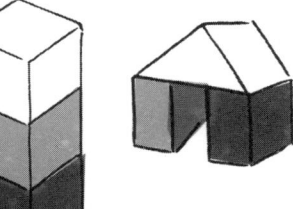

コルクは軽くて角が丸い

監　修	芸術教育研究所

芸術教育を通して子どもたちの全面発達を育むための研究機関として，1953年に設立。毎年5000名の保育者を対象に開催する各種研究，セミナーは40年の歴史を持つ。

1984年には「おもちゃ美術館」（2008年東京・新宿四谷に移転）を，2002年には「高齢者アクティビティ開発センター」を設立。2008年には多世代を対象に，アート＆遊びのラボラトリー「あーと・らぼ」をオープン。子どもアートスクール，子育て・孫育て講座，おもちゃギャラリーショップなどを展開。

著　者	両角美映　おもちゃコンサルタント

東京都新宿区に保育士として勤務。結婚・出産後，わが子に障がいがあることがわかり退職。支援を必要とする子（障がい児）の2児の母。2004年，おもちゃコンサルタント資格取得。

現在は，子育てアドバイザーとして雑誌，新聞などで活躍すると共に，居住地で「支援を必要とする子の親の会」の幼児部代表。さらに保育者や教育者，サービス業者などの様々な方に向けて「支援を必要とする子どもや大人」への対応について講義・指導を行う。また，障がいとはどういうものか，という疑似体験などを通して，支援を必要とする子（障がい児者）への理解啓発を促すワークショップを行うボランティア団体「キャラバン隊レインボー」（P 96参照）の代表。

企　画	多田千尋（芸術教育研究所所長）　菊池貴美江（同企画研究室室長）
イラスト	伊藤靖子

お問い合わせは……

芸術教育研究所　〒165-0026　東京都中野区新井 2 -12-10
☎ 03(3387)5461　FAX 03(3228)0699
URL　http://www.toy-art.co.jp

発達が気になる子どもの保育

2008年 8月 1日　初版発行	監　修	芸術教育研究所
2015年 7月25日　 9 刷発行	著　者	両角美映
	発行者	武馬久仁裕
	印　刷	株式会社　太洋社
	製　本	株式会社　太洋社

発　行　所　　　　　株式会社　黎明書房

〒460-0002　名古屋市中区丸の内3-6-27 EBSビル ☎ 052-962-3045
　　　　　　FAX 052-951-9065　振替・00880-1-59001
〒101-0047　東京連絡所・千代田区内神田1-4-9　松苗ビル4階
　　　　　　　　　　　　　　　　　　☎ 03-3268-3470

落丁本・乱丁本はお取替します　　　　　　　　　ISBN978-4-654-00233-7
© ART EDUCATION INSTITUTE 2008, Printed in Japan